Sam Allberry

Ist Gott homophob?

Und andere Fragen über Homosexualität,
die Bibel und gleichgeschlechtliche Anziehung

AF285984

SAM ALLBERRY

Ist Gott
homophob?

*Und andere Fragen über
Homosexualität, die Bibel und
gleichgeschlechtliche Anziehung*

Sam Allberry
Ist Gott homophob?
Und andere Fragen über Homosexualität,
die Bibel und gleichgeschlechtliche Anziehung

Best.-Nr. 271765
ISBN 978-3-86353-765-4
Christliche Verlagsgesellschaft Dillenburg

Titel des englischen Originals:
Is God anti-gay? (Revised and Expanded Edition)
And other questions about homosexuality, the Bible and
same-sex attraction
Part of the *Questions Christians Ask* series
© Sam Allberry/The Good Book Company, 2015.

Wenn nicht anders angegeben,
wurde folgende Bibelübersetzung verwendet:
Schlachter-Übersetzung, © 2000, CLV, Bielefeld

Außerdem wurden verwendet:
Elberfelder (ELB), Neue evangelistische Übersetzung (NeÜ), Zür-
cher Übersetzung (ZÜ), Luther (LUT), Neue Genfer Übersetzung
(NGÜ), Hoffnung für alle (HfA), Gute Nachricht (GN).

4. Auflage 2023
© 2021 Christliche Verlagsgesellschaft Dillenburg
www.cv-dillenburg.de

Übersetzung: Evangelium21 e.V.
Satz und Umschlaggestaltung:
Christliche Verlagsgesellschaft Dillenburg
Innenteilmotive: © freepik.com (Kirche); ibrandify (Bibel)

CPI Books GmbH, Leck
Printed in Germany

Wenn Sie Rechtschreib- oder Zeichensetzungsfehler entdeckt
haben, können Sie uns gerne kontaktieren: info@cv-dillenburg.de

Sam Allberry ist mein Held, seitdem ich seine drei-Minuten-Rede vor der Generalsynode der Kirche von England im Februar 2017 auf YouTube gehört habe.[1] Sein Buch „Ist Gott homophob?" ist eine große Hilfe. Sam Allberry weiß in jeder Hinsicht, wovon er spricht. Und er schreibt mit starkem Einfühlungsvermögen.

Ulrich Parzany

Pfarrer, Vorsitzender des „Netzwerks Bibel und Bekenntnis"

Sam Allberry hat ein prägnantes, entschiedenes und wunderbar klares Buch geschrieben: Er, der gleichzeitig seine homoerotische Disposition und Jesus Christus entdeckte, folgt dem biblischen Wort und legt das immer gefallene Leben in Jesu Hand. Es ist sehr eindrucksvoll, wie er zeigt, dass Jesus Christus sein befreiendes Wort jedem Menschen zuspricht, dass die Person entschieden mehr ist

---

1 https://www.youtube.com/watch?v=mCLms7J84JY

als die sexuelle Orientierung und dass Jesus das Leben verändern kann.

Dr. Harald Seubert

Professor für Philosophie und Religionswissenschaft, STH-Basel

Sam Allberry beantwortet zahlreiche brennende Fragen auf intelligente, authentische und gewinnende Weise. Und das präzise sowie biblisch gut begründet. Endlich gibt es ein bündiges Buch zu diesem kontrovers diskutierten Thema, das ich sehr gern weiterempfehle.

Ron Kubsch

Studienleiter M. Bucer Seminar

Dies ist ein sehr wichtiges Buch, das so viel Weisheit des Evangeliums enthält.

Al Mohler

Präsident Theologisches Seminar der Südlichen Baptisten

Einfühlsam und weise, gelehrt und klar, hoffnungsvoll und freundlich – dieses Buch von Sam Allberry behandelt ein Thema, das sehr herausfordernd sein kann. Es wird für viele hilfreich zu lesen sein.

Mark Dever
Pastor Capitol Hill Baptist Church

Das Evangelium ist eine gute Nachricht, auch für Homosexuelle. Das Evangelium definiert uns nicht durch unsere Versuchungen, sondern durch die Gerechtigkeit Christi. Dieses Buch stellt den biblischen Sachverhalt klar dar. Der Autor bringt den Ruf des Evangeliums zur Umkehr und das Geschenk der Barmherzigkeit treffend auf den Punkt. Lesen Sie dieses Buch und überlegen Sie, wie Gott Sie dazu aufruft, alle Menschen um Sie herum zu lieben, in Wort und Tat.

Russell D. Moore
Präsident Kommission für Ethik und Religionsfreiheit, Southern Baptist Convention

„Ist Gott homophob?" ist wirklich großartig. Sams Menschlichkeit leuchtet auf jeder Seite auf; sein Verständnis für menschliche Schwäche durchzieht das Ganze; sein Mitgefühl mit denjenigen, die mit dem konfrontiert sind, was er selbst jeden Tag erlebt, ist tief bewegend. Dieses Buch ist ein hervorragendes Hilfsmittel für Pastoren und Älteste, da dieses Thema immer mehr an Bedeutung gewinnen und immer stärker umstritten sein wird.

Carl R. Trueman
Professor für Historische Theologie und Kirchengeschichte, Westminster Theologisches Seminar

INHALT

EINLEITUNG

Ungefähr zur gleichen Zeit, als ich Jesus Christus entdeckte, bekam ich auch zum ersten Mal eine wirkliche Ahnung von meiner Sexualität.

Es war in den letzten Wochen auf der High School. Die Prüfungen gingen zu Ende, und wir freuten uns alle auf einen langen, arbeitsfreien Sommer. Die letzten Monate waren hektisch gewesen. Mir dämmerten ein paar unangenehme Wahrheiten: Die erste war, dass es ziemlich schwer ist, sich auf Prüfungen vorzubereiten, wenn man im Unterricht nicht gerade gut aufgepasst hat. Lernen ist viel schwieriger, wenn man noch gar nichts im Kopf hat.

Die andere Wahrheit war noch weit unbequemer. Ich hatte immer enge Freundschaften gepflegt, aber nun merkte ich, dass etwas im Gange war, das darüber hinausging. Auch wenn ich schon einige Male eine Freundin gehabt hatte, war meine Verbundenheit mit ihr nie so tief gewesen wie mit ein, zwei meiner engsten männlichen Freunde. Als der lange Sommer begann und weniger Ablenkung da war, konnte ich der Wahrheit nicht länger ausweichen. Allmählich formten sich die Worte in meinem Kopf: *Ich glaube, ich bin schwul.*

Diese Entwicklung passte mir überhaupt nicht. Ich wollte wie jeder andere sein und das mögen, was andere auch mögen. Ich wollte die gleichen Gefühle für Mädchen haben, wie sie meine Freunde hatten. Doch anstatt Gefühle *wie* sie zu haben, empfand ich Gefühle *für* sie.

In dieser Zeit lernte ich auch zum ersten Mal Christen kennen. Samstag nachmittags arbeitete ich in einem Café, das von Christen betrieben wurde, und stieß auf die ersten Christen in meinem Alter. Sie wurden gute Freunde für mich. Als die Prüfungen vorbei waren und ich nichts mehr zu tun hatte, luden sie mich in ihre Gemeinde in die Jugendgruppe ein, und ich ging mit. Ich mochte die Leute und wollte mehr darüber herausfinden, was sie glaubten. Die Botschaft von Jesus war so anders, als ich gedacht hatte …

Die Botschaft, die ich hörte

Als Jesus sein öffentliches Wirken begann, machte er eine Ankündigung, die uns direkt ins Zentrum seiner Botschaft führt:

> Nachdem aber Johannes gefangen genommen worden war, kam Jesus nach Galiläa und verkündigte das Evangelium vom Reich Gottes und sprach: Die Zeit ist erfüllt, und das Reich Gottes ist nahe. Tut Buße und glaubt an das Evangelium!
>
> *(Markus 1,14-15)*

Jesus sagt, dass Gottes Reich nahe herbeigekommen ist. Was Gott geplant hatte, um die Missstände dieser Welt in Ordnung zu bringen, würde er *jetzt* tun. Jetzt ging es los!

Und die Reaktion, auf die Jesus wartet, ist **Buße** und **Glaube. Buße** bedeutet Umkehr, Richtungsänderung. Was das beinhaltet, ist ziemlich klar und ein bisschen ungemütlich: *Wir sind in die falsche Richtung unterwegs.* Wir sind wie der ältere Mann, von dem ich neulich in der Lokalzeitung las: Eines Nachts war er in einem Moment der Verwirrung etwa eine Meile lang als Geisterfahrer auf der falschen Seite gefahren. Zum Glück war ihm zu der Zeit kaum jemand entgegengekommen; wäre das zur Hauptstoßzeit passiert, wenn die Pendler unterwegs sind, wäre es anders ausgegangen.

Jesus sagt, dass wir in die falsche Richtung unterwegs sind und dass uns eine Riesenkolonne von Bestimmungen Gottes entgegenkommt. Wir müssen die Richtung ändern und uns auf Gott ausrichten. Und das heißt, an das **Evangelium zu glauben:** die Botschaft, dass wir durch Jesu Tod und Auferstehung mit Gott ins Reine kommen können; dass uns ein Neuanfang angeboten wird, um so zu leben, wie Gott uns gemacht hat.

Das ist seine Botschaft für alle Menschen. Als Jesus auf der Bildfläche erscheint, teilt er die Menschen nicht in Schubladen ein und bringt jedem seine eigene Botschaft – eine für die Extrovertierten, eine für die Introvertierten; eine für diejenigen, die vorrangig die linke Gehirnhälfte nutzen (mit Tabellen und Diagrammen), eine für diejenigen, bei denen die rechte Gehirnhälfte dominiert (mit Farben und Hintergrundmusik).

Gottes Botschaft für Homosexuelle ist die gleiche wie für alle anderen Menschen: *Kehr um und glaube!* Es ist die gleiche Einladung, die Fülle des Lebens in Gott zu finden; das gleiche Angebot von Vergebung und tiefer, wunderbarer, lebensverändernder Liebe.

„Gleichgeschlechtliche Anziehung" oder „schwul"?

Diese Botschaft habe ich bei meinen Freunden in der Gemeinde gehört, und seitdem versuche ich, im Licht dieser Botschaft zu leben. Dabei ist mir als jemandem, der mit Homosexualität lebt, biblisches Christsein zu einer wunderbaren Quelle von Freude und Trost geworden. Gottes Wort zu diesem Thema kommt mir manchmal verwirrend und schwer vor. Aber dennoch ist es zutiefst gut. Die Botschaft von Jesus ist wirklich eine gute Nachricht für jemanden, der gleichgeschlechtliche Anziehung erlebt.

Ich habe gerade den Begriff „gleichgeschlechtliche Anziehung" verwendet, weil es einen Unterschied macht, wie ich mich selbst beschreibe. In der westlichen Kultur wird jemand mit homosexuellen Gefühlen normalerweise als „schwul" bezeichnet. Doch meiner Erfahrung nach bezieht sich dieser Begriff meist auf weit mehr als die bloße sexuelle Orientierung. Er ist zur Bezeichnung einer Identität und eines Lebensstils geworden.

Wenn jemand sagt, dass er schwul – oder meinetwegen auch lesbisch oder bi – ist, meint er meistens neben seinem Angezogensein von Personen des gleichen Geschlechts auch, dass seine sexuelle Orientierung einer seiner elementaren Wesenszüge ist. Deswegen vermeide ich den Begriff lieber. Es klingt umständlich, mich als „jemanden, der gleichge-schlechtliche Anziehung empfindet", zu bezeichnen. Aber damit will ich deutlich machen, dass die Art meiner sexuellen Gefühle nicht ausschlaggebend für meine Identität ist. Sie gehört zu dem, was ich *fühle,* macht aber nicht aus, was ich im Tiefsten *bin.* Ich bin weit mehr als meine Sexualität.

Nehmen wir ein anderes Verlangen. Ich liebe Fleisch. Ein Teller ohne ein Stück Fleisch kommt mir einfach falsch vor. Aber deshalb ist meine Vor-liebe für Fleisch nicht das Erste und Wichtigste, was mich beschreibt. Man muss bei mir nicht in erster Linie an einen „Fleischfresser" denken, um mich verstehen zu können. Es gehört dazu, aber es gehört nicht zu meinem Wesenskern. Deshalb spreche von mir lieber als von jemandem, der ho-mosexuell empfindet, oder von gleichgeschlechtli-cher Anziehung.

Zu mir als jemandem in dieser Lage sagt Jesus genau das Gleiche wie zu jedem anderen auch. Neh-men wir eine andere bekannte Aussage von ihm:

Und er rief die Volksmenge samt seinen Jün-gern zu sich und sprach zu ihnen: Wer mir nachkommen will, der verleugne sich selbst und nehme sein Kreuz auf sich und folge mir nach!

(Markus 8,34)

Es gilt für jeden: Ich soll mich verleugnen, mein Kreuz auf mich nehmen und Jesus nachfolgen. Jeder Christ ist zur Hingabe berufen, und die kostet ihren Preis. Sich zu verleugnen heißt nicht, hier und da ein bisschen nachzujustieren. Selbstverleugnung sagt um Christi willen Nein zu deinen tiefsten Gedanken über dich selbst. Sein Kreuz auf sich zu nehmen bedeutet, dass das Leben, wie man es bisher gekannt hat, verwirkt ist. Es meint, sein Leben hinzugeben, weil es einem nicht mehr selbst gehört. Es gehört Jesus. Er hat es geschaffen. Und durch seinen Tod hat er es erkauft.

Seit ich offen über meine Erfahrungen mit Homosexualität spreche, sagen mir manche Christen: „Christsein muss für dich schwerer sein als für mich", als ob ich mehr aufzugeben hätte als sie. Doch das Evangelium fordert von *jedem* von uns *alles*. Wenn jemand meint, dass das Evangelium ganz gut zu seinem Leben gepasst hat, ohne dass er größere Änderungen an seinem Lebensstil oder an seinen Erwartungen und Zielen vornehmen musste, dann hat er mit echter Nachfolge vermutlich noch gar nicht wirklich angefangen.

Und genauso, wie der Preis für jeden gleich hoch ist, wird es auch der Segen sein. In den letzten Jahren, in denen ich mit diesem Thema ringe, ist dies einer meiner Lieblingssätze von Jesus geworden:

Kommt her zu mir alle, die ihr mühselig und beladen seid, so will ich euch erquicken!

(Matthäus 11,28)

Das ist eine wunderbare Verheißung. Jesus geht davon aus, dass wir auf uns selbst gestellt alle beladen und belastet sind. Ohne Jesus ist das so. Aber wenn wir zu Jesus kommen, finden wir Ruhe. Nicht einfach die Ruhe eines entspannten Nachmittags am Wochenende oder eines freien Tages, der mit gemütlichem Ausschlafen startet, sondern etwas viel Tieferes: Ruhe in dem Sinne, dass die Dinge mit Gott jetzt so sind, wie sie sein sollten und schon immer gedacht waren. Ruhe in dem Sinne, dem gemäß zu leben, wer wir wirklich sind und wie Gott sich unser Leben vorstellt. Ruhe in dem Sinne, sich wirklich zu entfalten und zu dem zu werden, wie Gott uns gemacht hat.

Hat Gott etwas gegen Schwule?[2] *Nein!* Aber er ist gegen alles, was wir aus uns heraus sind, als Menschen, die für sich selbst leben anstatt mit ihm. Gegen diesen Kerl ist er, wie auch immer dieser in unserem Leben konkret aussehen mag. Aber weil Gott größer und besser ist und Dinge in uns tun kann, zu denen wir nicht in der Lage sind, liebt er auch diesen Kerl. So sehr, dass er seine Last trägt,

---

2 So der Titel der englischen Originalausgabe.

an seine Stelle tritt, bei ihm aufräumt, ihn heilmacht und sich für immer mit ihm verbindet.

Christ zu sein und mit gleichgeschlechtlicher Anziehung zu leben wirft alle möglichen Fragen auf, die wir in diesem Buch behandeln wollen. Meine eigenen Erfahrungen mit Homosexualität bedeuten nicht, dass ich für jeden sprechen kann, der mit diesem Thema ringt. Mit den Jahren habe ich viele Menschen kennengelernt, für die dieses Thema nicht abstrakt ist: Männer und Frauen; Alte und Junge; Gläubige und andere, die dem Glauben feindlich gegenüberstehen; Menschen, die sich mir unter vier Augen anvertrauen, und Menschen, die sich mit Stolz öffentlich als Schwule bezeichnen. Jede Begegnung war ein Geschenk. Manche erzählten von schmerzhafter Ablehnung (einer wurde sogar von seinen Freunden angespuckt), andere von überraschender Akzeptanz. Manche Geschichten waren meiner sehr ähnlich, andere ganz anders. Darum will ich nicht für andere sprechen, sondern diese Fragen aufgreifen und ihnen anhand der Bibel nachgehen.

Eine der ersten Fragen ist meist: Und was sagt die Bibel zu Homosexualität? Dazu komme ich bald. Aber je mehr ich in der Bibel lese, desto überzeugter bin ich, dass das, was sie über Sexualität sagt, erst wirklich verständlich wird, wenn man sich anschaut, was sie allgemein über die Geschlechter und die Ehe sagt. Deswegen wollen wir dort anfangen ...

KAPITEL 1

HOMOSEXUALITÄT
UND GOTTES PLAN

Viele haben die Vorstellung, dass die Bibel Sex irgendwie ablehnend gegenübersteht – als ob wir das hinter Gottes Rücken entdeckt hätten und Sex nicht seine volle Zustimmung fände. Aber im 1. Buch Mose finden wir etwas völlig anderes.

Gott ist es, der die Menschen als Männer und Frauen gemacht und ihnen aufgetragen hat, fruchtbar zu sein und sich zu vermehren (1Mo 1,28). Sex ist Gottes Idee. Sex ist nicht unsere Erfindung, sondern Gottes Geschenk. Er hat es uns nicht widerwillig gegeben, nach dem Motto: „Wenn's denn sein muss …" Gott hat Fortpflanzung so gemacht, dass sie nicht nur funktional ist, sondern auch zutiefst erfüllend. Sex ist ein Zeichen seiner Güte.

1. Mose 1–2 zeigt uns zweierlei, wofür Sex da ist. Die beiden Schöpfungsberichte ergänzen einander. Der erste beschreibt wie durch ein Weitwinkelobjektiv gesehen die Erschaffung der physischen Welt mit allem, was in ihr ist. Der zweite (in 1Mo 2) konzentriert sich auf die Erschaffung des ersten Menschenpaares.

In 1. Mose 1 wird berichtet, wie die Menschheit nach Gottes Ebenbild geschaffen und damit beauftragt wird, über die Erde mit ihren Geschöpfen zu regieren. In diesem Zusammenhang dient der Unterschied der Geschlechter der Fortpflanzung. Sich zu vermehren wird sie befähigen, die Erde zu füllen und überall ihrer Verantwortung nachzukommen.

In 1. Mose 2 erscheinen die Unterschiede zwischen den Geschlechtern in einem anderen Licht: Adam wird zuerst geschaffen, doch es ist „nicht gut" für ihn, allein zu sein. Allein kann er seinen Auftrag nicht erfüllen. Deshalb schafft Gott Abhilfe durch die erste Frau. Im Gegensatz zu den verschiedenen Tieren, die Adam gerade benannt hat, passt sie perfekt zu ihm:

Da sprach der Mensch: Das ist endlich Gebein von meinem Gebein und Fleisch von meinem Fleisch! Die soll „Männin" heißen; denn vom Mann ist sie genommen!

(1. Mose 2,23)

Sie ist wie er *(aus dem gleichen „Stoff")*, aber auch in guter Weise anders als er *(Frau statt Mann)*. Sie ist eine andere Ausführung der gleichen Spezies – sie teilt sein Wesen, seine Berufung und sein Leben. Diese *Komplementarität* führt zu tiefer Einheit zwischen ihnen beiden, wenn es zur sexuellen Vereinigung kommt:

> Darum wird ein Mann seinen Vater und seine Mutter verlassen und seiner Frau anhängen, und sie werden ein Fleisch sein.
>
> *(1. Mose 2,24)*

Der Zweck von Geschlechtlichkeit ist hier, die Einheit zwischen ihnen auszudrücken und zu vertiefen. Und der Autor stellt klar, dass er nicht länger nur von Adam und Eva spricht. Wir werden über dieses erste Menschenpaar nicht für den Fall informiert, dass wir Interesse an unseren ersten Vorfahren haben, sondern weil ihre Geschichte für alle Menschen gilt. Sie stellt ein Muster dar, das wir in jeder Generation wiederholt sehen. Der Autor rückt dann auch von ihrer unmittelbaren Situation ab und kommt zur allgemeinen Beobachtung: „Darum wird ein Mann ..."

Was mit Adam und Eva passiert ist, erklärt, was seither geschieht. Ihr perfektes Zusammenpassen ist die Grundlage für jede menschliche Ehe. Der

Text handelt nicht nur von der Vereinigung dieser beiden, sondern von jeder Ehe.

Mann und Frau werden „ein Fleisch". Dank ein paar zu vieler Liebessongs mag diese Sprache von „zweien, die eins werden", für uns etwas abgeschmackt und klischeehaft klingen. Aber sie beschreibt nicht einfach nur das Gefühl von Zusammengehörigkeit, das ein Paar auf dem Höhepunkt seiner Leidenschaft empfinden mag, sondern etwas sehr Reales, Objektives. Jesus sagt, dass Gott es ist, der zwei Menschen in der Ehe „zusammenfügt" (Mt 19,6). Gott selbst bringt diese Einheit zwischen ihnen hervor. Zwei Menschen werden physisch, psychisch, emotional und geistlich miteinander verwoben. So hat Gott es eingerichtet.

Und es funktioniert sehr gut. Der Bindungseffekt von Sex in einer Partnerschaft macht eine Trennung so schmerzhaft. Wir sind nicht gemacht dafür. Und je öfter diese Einheit erst geschmiedet und dann gebrochen wird, desto mehr leidet unsere Fähigkeit zu tiefer, anhaltender Bindung.

Sexualität ist ein bisschen wie eine Haftnotiz. Das erste Anbringen funktioniert sehr gut, aber wenn man den Zettel zu oft abmacht und wieder anklebt, hält er irgendwann nicht mehr. Wir sind einfach nicht für wechselnde sexuelle Beziehungen gemacht. Im Ergebnis wird Sex weniger beziehungsorientiert und dafür funktionaler und weniger befriedigend sein. Sich aus dem Moment heraus ergebende sexuelle Begegnungen sollen in den Serien und Sitcoms harmlos und lustvoll wirken, aber die Folgen im wahren Leben sind weitaus ernster: Leere, Gebrochenheit, Zerrissenheit und Verzweiflung. Das sollte uns nicht überraschen: denn Sex ist gemacht, um zwei Menschen unverbrüchlich aneinander zu binden.

1. Mose 1–2 sollte uns also zeigen, dass Gott *für* Sex ist. Und dass Sex für die Ehe da ist.

Wie gehört die Ehe hier mit hinein?

Jesus bestätigt in seiner Lehre die Sexualethik von 1. Mose 1–2. Jede sexuelle Aktivität außerhalb der Ehe kennzeichnet er als böse:

> Was aus dem Menschen herauskommt, das verunreinigt den Menschen. Denn von innen, aus dem Herzen des Menschen, kommen die bösen Gedanken hervor, Ehebruch, Unzucht, Mord, Diebstahl, Geiz, Bosheit, Betrug, Zügellosigkeit, Neid, Lästerung, Hochmut, Unvernunft. All dieses Böse kommt von innen heraus und verunreinigt den Menschen.
>
> *(Markus 7,20-23)*

Das Wort, das mit „Unzucht" übersetzt wird, lautet im Griechischen *porneia* und umfasst jegliche sexuelle Aktivität außerhalb der Ehe. Solche Aktivitäten nennt Jesus „böse" und „verunreinigend".

An anderer Stelle bestätigt Jesus die Dauerhaftigkeit und Exklusivität der Ehe:

> Da traten die Pharisäer zu ihm, versuchten ihn und fragten ihn: Ist es einem Mann erlaubt, aus irgendeinem Grund seine Frau zu entlassen? Er aber antwortete und sprach zu ihnen: Habt ihr nicht gelesen, dass der Schöpfer sie am Anfang als Mann und Frau erschuf und sprach: „Darum wird ein Mann Vater und Mutter verlassen und seiner Frau anhängen; und die zwei werden ein Fleisch sein"? So sind sie nicht mehr zwei, sondern ein Fleisch. Was nun Gott zusammengefügt hat, das soll der Mensch nicht scheiden!
>
> *(Matthäus 19,3-6)*

Jesus unterstreicht, was wir schon in 1. Mose gesehen haben: Wir sind als Männer und Frauen geschaffen. Die Menschheit besteht aus zwei Geschlechtern. Wir sind nicht einfach nur „Menschen", sondern immer auch Mann oder Frau. So war es von Anfang an. Ja, wir deuten und bestimmen Geschlecht auch kulturell, aber wir erfinden oder definieren es nicht völlig selbstständig und neu. Gott hat uns so gemacht.

Als Nächstes sagt Jesus, dass der Unterschied der Geschlechter zur Ehe führt: „Darum wird ein Mann ..." Weil wir Männer und Frauen sind, gibt es das Phänomen der Ehe. Sie beruht auf der Existenz der Geschlechter. Ohne die Unterschiede zwischen ihnen würde es Ehe nicht geben.

Der Geschlechterunterschied ermöglicht die Tiefe der Einheit zwischen Mann und Frau. Eva wurde aus Adams Leib geschaffen. Deshalb ist ihr Einswerden als „ein Fleisch" wie eine Art Rückkehr – es kommt zusammen, was ursprünglich eins war.

So können wir verstehen, was in der Bibel der Sinn der Ehe ist:

a) Ehe soll etwas von Gottes Wesen sichtbar machen

Im berühmtesten Glaubensbekenntnis des Alten Testaments werden die Gläubigen daran erinnert: „Der HERR ist unser Gott, der HERR ist einer!" (5. Mose 6,4; LUT). Das hebräische Wort für „einer" (´echad) meint nicht so sehr die mathematische Ebene, als ob es eben nicht zwei oder fünf sind, sondern beschreibt sein Wesen: Gott ist eins. Er ist eine Einheit. Er ist aus einem Stück. In der Bibel sehen wir auch, dass er dreieinig ist: Gott-Vater, Sohn und Heiliger Geist. Drei verschiedene Personen. Aber alles, was dieser dreieinige Gott ist, tut oder sagt, spielt perfekt zusammen. Eins.

Genau dieses Wort wird auch in 1. Mose 2,24 verwendet, um die Einheit in der Ehe zwischen Mann und Frau zu beschreiben. Sie werden ein *(ˈechad)* Fleisch. Die Ehe ist eine wunderbare Möglichkeit, die Gott uns gibt: Wir können als Menschen widerspiegeln, dass Gott Einheit in Vielfalt ist. Gott ist eins, aber die drei Personen sind nicht gleich. Die Einheit besteht in der Verschiedenheit, nicht in Uniformität. Das Gleiche gilt für die Einheit zwischen Mann und Frau. Die gleiche Art von Einheit entsteht, wenn die beiden Geschlechter auf diese Weise eins werden.

Bei schwulem Sex ist das anders. Zwei Männer oder zwei Frauen können nicht ein Fleisch werden. Sie können nicht so eins *(ˈechad)* werden, wie Gott es ist und wie Mann und Frau eins werden können. Sie können eine gewisse Einheit erleben, aber es wird nicht die gleiche Art von Einheit sein, wie sie in einer heterosexuellen Ehe möglich ist.

Das heißt nicht, dass es dort keine Treue und Verbindlichkeit geben kann – oder dass diese automatisch in einer heterosexuellen Ehe bestehen muss, nur weil sie heterosexuell ist. Ich kenne schwule Paare mit beeindruckender Loyalität und Hingabe, so wie ich auch an heterosexuelle Paare denke, die an dieser Stelle straucheln und versagen. Es geht nicht um die Gefühle der Hingabe, die zwei Menschen füreinander empfinden mögen, sondern um die Art von Einheit, die Gott gibt, wenn ein Mann und eine Frau körperlich eins werden. Diese Komplementarität ist wesentlich für die Ehe. Wie sehr wir uns auch voneinander unterscheiden in Temperament, Persönlichkeit und unserem kulturellen Hintergrund, dieses Zusammenkommen von Mann und Frau führt zu der Erfahrung, ein Fleisch zu sein.

b) Dieses Ein-Fleisch-Werden erfüllt Gottes Auftrag zur Vermehrung (1. Mose 1,28)

Aus dieser Einheit entspringt die Möglichkeit neuen Lebens. Dies spiegelt sich auch im alttestamentlichen Buch Maleachi wider: „Und hat er sie nicht zu Einem gemacht? Zu einem Fleisch, in dem Geist ist. Und was erstrebt das Eine? Nachkommenschaft von Gott" (Mal 2,15; ELB). Fortpflanzung ist nicht der einzige Sinn der Ehe. Paare, die keine Kinder bekommen können, sind nicht weniger verheiratet. Aber es wird deutlich, dass Fortpflanzung in der Ehe von Gott gewollt ist.

c) Die Ehe soll Gottes Gnade in Christus zeigen

Menschliche Ehe ist nicht nur gedacht, um etwas von Gottes Wesen widerzuspiegeln. Sie soll auch die Gnade widerspiegeln, die Gott seinem Volk in Christus zeigt:

„Deshalb wird ein Mann seinen Vater und seine Mutter verlassen und seiner Frau anhängen, und die zwei werden ein Fleisch sein". Dieses Geheimnis ist groß; ich aber deute es auf Christus und auf die Gemeinde.

(Epheser 5,31-32)

Paulus sagt, dass es in der Ehe auch um die Beziehung geht, die Jesus zur Gemeinde hat. Auch sie ist eine Einheit zwischen zwei verschiedenen Wesenseinheiten, die sich ergänzen. Die Gemeinde ist nicht das Gleiche wie Christus, und Christus ist nicht die Gemeinde (angesichts der Unvollkommenheit der Gemeinde eine wunderbare Erkenntnis!). Weil Christus sich von seinen Leuten unterscheidet, kann er sie zu sich ziehen, sich ihnen verschreiben und sich mit ihnen verbinden. Ehe ist ein Abbild dieser höchsten, himmlischen Ehe zwischen Christus und seiner Gemeinde. Dies ist einer der Gründe, warum Christen sich weigern, das Konzept der Ehe auch auf schwule Paare auszuweiten. Zwei Männer oder zwei Frauen können nicht die Verbindung von Christus mit seiner Gemeinde widerspiegeln, sondern wären nur „Christus und Christus" oder „Gemeinde und Gemeinde".

Die Lehre der Bibel über Geschlechtlichkeit und Ehe ist auch heute Grundlage für die christliche Sicht auf das Thema Sexualität. Die Lehre aus 1. Mose, die

Jesus in seinem eigenen Wirken bestätigt und weiterführt, besagt, dass Sex eine gute Gabe Gottes ist, die er für den exklusiven Rahmen der Ehe gegeben hat, und dass eine Ehe zwischen einem Mann und einer Frau bestehen muss, damit sie die Ziele erfüllen kann, für die Gott sie eingesetzt hat.

Dies alles wirft die gewaltige, drängende Frage auf: *Wie passt Homosexualität hier mit hinein?*

KAPITEL 2

HOMOSEXUALITÄT
UND DIE BIBEL

Für viele Menschen ist es überraschend, dass sich in der Bibel nur eine Handvoll Stellen finden lassen, die Homosexualität direkt erwähnen. Das Thema kommt schlicht kaum vor. Doch wo dies der Fall ist, macht die Bibel wichtige und klare Aussagen über Homosexualität. Deshalb kann man aus ihrer Seltenheit nicht einfach schließen, dass diese kein Gewicht hätten. Die Bibel sagt auch kaum etwas dazu, wie wir mit der Schöpfung umgehen sollen, aber das entbindet uns nicht davon, uns nach dem zu richten, was sie an den vorhandenen Stellen sagt.

Doch zumindest zeigt uns dies, dass die Bibel nicht fixiert ist auf Homosexualität. Das ist nicht ihr zentrales Thema. Deshalb müssen wir das, was sie dazu sagt, im Rahmen der größeren Themen der Schrift verstehen. Was die Bibel über Homosexualität sagt, ist längst nicht alles, was sie

Homosexuellen sagen möchte; die christliche Botschaft umfasst viel mehr. Deshalb sollen die Stellen, die wir uns nun ansehen, als Teil der Botschaft des Evangeliums verstanden werden – der Verkündigung dessen, was Gott für uns in Christus getan hat, und des Rufs zur Umkehr und zum Glauben.

Christen, die schwulen Freunden ihren christlichen Glauben nahebringen wollen, müssen sich eins bewusst machen: Was die Bibel über Homosexualität sagt, ist nicht das Einzige, was sie ihnen erklären sollten – und auch nicht das Erste oder Wichtigste, auf das sie sich konzentrieren sollten.

Die ersten beiden Bibelstellen, die Homosexualität direkt ansprechen, stammen aus dem Alten Testament.

1.) 1. Mose 19

Die Stadt Sodom in 1. Mose 19 wird so sehr mit homosexuellem Verhalten verbunden, dass ihr Name für viele Generationen ein abwertender Begriff für Sex unter Schwulen war.[3] Aber geht es bei Sodom wirklich um Homosexualität?

---

3 A. d. Ü.: Im Deutschen wurde der Begriff Sodomie lange für verschiedene Sexualpraktiken verwendet, die nicht der Fortpflanzung dienten, und verengte sich im Zuge der Enttabuisierung von Sexualität auf sexuellen Kontakt zu Tieren; vgl. www.wikipedia.de.

Die Sache beginnt mit der Ankunft zweier Engel am Stadttor. Sie sollen herausfinden, ob die Klage über Sodom, die Gott erreicht hat, berechtigt ist. Die Engel erscheinen als Männer und ihnen wird dringend nahegelegt, keinesfalls die Nacht draußen auf dem Platz der Stadt zu verbringen – schon das ist ein Hinweis darauf, wie es um Sodom stand. Stattdessen beherbergt Lot sie.

Als die Sonne untergeht, wird es hässlich:

Aber ehe sie sich hinlegten, umringten die Männer der Stadt das Haus, die Männer von Sodom, Jung und Alt, das ganze Volk aus allen Enden, und riefen Lot und sprachen zu ihm: Wo sind die Männer, die diese Nacht zu dir gekommen sind? Bring sie heraus zu uns, damit wir uns über sie hermachen!

(1. Mose 19,4-5)

Das an sich ist schon ein vernichtendes Urteil. Doch spätere Teile des Alten Testaments beschuldigen Sodom sehr unterschiedlicher Verfehlungen: Unterdrückung, Ehebruch, Lügen, Anstiftung zum Verbrechen, Arroganz, Selbstgefälligkeit und Gleichgültigkeit gegenüber den Armen. Keine dieser Stellen erwähnt homosexuelles Verhalten. Deshalb haben sich manche gefragt, ob man Homosexualität in die Erzählung hineingelesen habe, während es eigentlich um soziale Ungerechtigkeit und Unterdrückung gehe. Aber bei genauerem Hinsehen wird deutlich, dass Homosexualität tatsächlich eine Rolle spielt.

Erstens: Auch wenn *yada,* das hebräische Wort am Ende der Passage, tatsächlich auch einfach nur „erkennen" heißen kann, so machen die Aggression der Horde wie auch Lots schrecklicher Versuch, ihnen stattdessen seine Töchter anzubieten, doch sehr klar, dass sie auf weit mehr aus sind als auf einen netten Kaffeeplausch.

Zweitens: Diese Horde ist kein unbedeutender Teil der Gesellschaft, sondern die gesamte Gemeinschaft der Männer: „die Männer von Sodom, Jung und Alt, das ganze Volk aus allen Enden." Dies ist das Verhalten der *Stadt.* So geht es in Sodom zu.

Dies erklärt auch, was danach passiert: Die Engel warnen Lot, dass das Gericht unmittelbar bevorsteht (V. 13). Sie haben alles erkundet, was sie wissen müssen. Die Klage gegen Sodom ist berechtigt.

Im Neuen Testament fügt Judas eine wichtige Erkenntnis hinzu und erwähnt

... Sodom und Gomorra und die umliegenden Städte, die in gleicher Weise wie diese die Unzucht bis zum Äußersten trieben und anderem Fleisch nachgingen, als warnendes

Beispiel …, indem sie die Strafe eines ewigen Feuers zu erleiden haben.

(Jud 7).

Was in Sodom passiert ist, dient klar als Warnung. Es ist ein Beispiel für Gottes Gericht. Petrus sagt es ganz ähnlich: Gott hat Sodom und Gomorra „künftigen Gottlosen zum warnenden Beispiel" gesetzt (2Petr 2,6). Und Judas macht klar, dass ihre Gottlosigkeit auch sexuelle Unmoral beinhaltete. Ihre sexuelle Sünde wurde bestraft, zusammen mit all den anderen Sünden, derer sie sich schuldig gemacht hatten. Ihre Vernichtung dient als Warnung: *Gott nimmt sexuelle Sünde sehr ernst.*

Judas beleuchtet auch die Perversität ihrer sexuellen Begierden: Sie „gingen anderem Fleisch nach". Einige meinen, dass sich dies auf die Engelwesen bezieht, die die Stadt besuchen[4]; Judas und Petrus erwähnen vorher in ihren Briefen Sünde von Engeln. Doch diese Engel erschienen als Menschen, und die brüllende Horde vor Lots Haus zeigte keinerlei Anzeichen, dass sie ihr wahres Wesen erkannte. Sie wollten Sex mit den *Männern,* die bei Lot waren.

Nicht nur die Gewalt, mit der die Horde ihre sexuellen Gelüste befriedigen wollte, war also

---

4 A. d. Ü.: Vgl. unter den deutschen Übersetzungen die GB und HfA.

„gottlos", sondern auch das Wesen ihrer Gelüste. Die ähnliche Episode in Richter 19 zeigt, dass nicht nur das heidnische Sodom solche Sünden beging, sondern auch das Volk Gottes.

2.) 3. Mose 18 und 20

Das 3. Buch Mose enthält zwei Verbote homosexueller Aktivität:

> Du sollst bei keinem Mann liegen, wie man bei einer Frau liegt, denn das ist ein Gräuel.
>
> *(3. Mose 18,22)*

> Wenn ein Mann bei einem Mann liegt, als würde er bei einer Frau liegen, so haben sie beide einen Gräuel begangen, und sie sollen unbedingt getötet werden; ihr Blut sei auf ihnen!
>
> *(3. Mose 20,13)*

„Ein Gräuel" beschreibt oft Götzendienst, deshalb meinen manche, dass diese Verse nicht homosexuelle Aktivität als solche verbieten, sondern nur kultische Prostitution, die mit heidnischen Tempeln verbunden war. Aber der verwendete Ausdruck ist nicht spezifisch; die Stellen beziehen sich allgemein auf einen Mann, der bei einem Mann liegt „wie bei einer Frau", ohne den Kontext für diesen Akt zu konkretisieren. Zudem finden sich in den umliegenden Versen in Kapitel 18 und 20 andere Formen sexueller Sünde, die ebenfalls allgemeiner Natur sind, wie Inzest, Ehebruch und Sex mit Tieren.

Keine davon steht in Verbindung mit heidnischen Tempeln oder Götzendienst. Diese Dinge sind moralisch falsch, unabhängig davon, wer sie wo praktiziert. Außerdem bezieht sich die zweite Stelle (20,13) auf beide Beteiligte gleichermaßen. Wir können sie nicht abtun, als ob sie sich lediglich gegen Dinge wie homosexuelle Vergewaltigung oder eine erzwungene Beziehung richten würde. 3. Mose verbietet generell auch einvernehmlichen homosexuellen Sex.

Genauso wichtig ist zu sehen, dass homosexuelle Aktivität nicht die einzige Sünde ist, die in der Bibel „ein Gräuel" genannt wird. 3. Mose bezeichnet damit auch andere sexuelle Sünden, und das Buch der Sprüche zählt betrügerische Rede, Stolz und Mord als ebenso abscheulich vor Gott auf. Homosexualität ist diesbezüglich keine Kategorie für sich.

3.) Römer 1,18-32

Römer 1 hat einiges über das Wesen von praktizierter Homosexualität zu sagen. Es lohnt sich, das ganze Kapitel zu lesen, bevor Sie weiterlesen ...

Paulus will in diesen ersten Kapiteln des Römerbriefs aufzeigen, dass vor Gott alle Welt als ungerecht dasteht und daher Erlösung braucht. In den Versen 18-32 richtet er sich an die nichtjüdische Welt der „Heiden" und beschreibt, wie diese sich von Gott abwendet und Götzendienst und Böses wählt. Die Details lassen vermuten, dass Paulus sich auf die griechisch-römische Kultur bezieht, in der seine Leser leben, um ein typisches Beispiel zu geben.

Die heidnische Gesellschaft steht unter Gottes Zorn, weil sie die Wahrheit unterdrückt hat, die Gott in seiner Schöpfung über sich offenbart (V. 18-20). In den folgenden Versen führt Paulus aus, wie dies aussieht, und gibt drei Beispiele dafür, wie das, was über Gott bekannt war, ausgetauscht wurde: Sie ersetzen die Herrlichkeit Gottes durch Abbilder von Geschöpfen (V. 23); die Wahrheit über Gott wird durch Lüge ersetzt, was zu ausgeprägtem Götzendienst führt, nämlich zur Anbetung von Geschaffenem (V. 25). Und sie verwerfen das Wissen über Gott (V. 28), indem sie „natürliche" Beziehungen durch „unnatürliche" ersetzen:

Darum hat sie Gott auch dahingegeben in entehrende Leidenschaften; denn ihre Frauen haben den natürlichen Verkehr vertauscht mit dem widernatürlichen; gleicherweise haben auch die Männer den natürlichen Verkehr

mit der Frau verlassen und sind gegenein-
ander entbrannt in ihrer Begierde und haben Mann mit Mann Schande getrieben und
den verdienten Lohn ihrer Verirrung an sich
selbst empfangen.

(Römer 1,26-27)

Zwei Dinge werden hier deutlich, die wichtig und
ernüchternd sind:

a) Homosexualität ist unnatürlich

Paulus bezeichnet sowohl schwules als auch lesbi-
sches Verhalten als „unnatürlich". Das ist eine gra-
vierende Aussage und entsprechend für viele Menschen sehr schwer zu ertragen. Man hat überlegt,
ob sich „unnatürlich" darauf bezieht, was für die
jeweiligen Menschen selbst natürlich ist. Demnach
würde Paulus hier über Heterosexuelle sprechen,
die homosexuell aktiv werden und damit gegen ihre
eigentliche, das heißt „natürliche", Orientierung
handeln. Dann würde er nicht jeden homosexuellen
Sex verurteilen, sondern nur den, der der eigentli-
chen sexuellen Neigung der Person entgegensteht.

Doch so attraktiv dies auch für manche sein mag,
diese Sicht bürstet den Text gegen den Strich. Die
Worte für „natürlich" und „gegen die Natur" beschreiben nicht, was sich für uns subjektiv natürlich
anfühlt, sondern wie die Dinge in der Schöpfung

eingerichtet sind. Die „Natur", der homosexueller Sex nach Paulus widerspricht, ist Gottes Bestimmung für uns, wie sie in der Schöpfung offenbart und in der Schrift immer wieder bestätigt wird.

Darum ist es nicht wahr, wenn Menschen mit gleichgeschlechtlicher Anziehung sagen: „Aber Gott hat mich doch so gemacht!" Paulus erklärt in Römer 1, dass unsere „Natur" (wie wir uns erleben) nicht wirklich „natürlich" ist (so wie Gott sie sich gedacht hat). Jeder von uns hat Wünsche und Lüste, die durch unsere gefallene Natur verzerrt sind. Wenn ich Dinge begehre, die Gott verboten hat, wird sichtbar, wie die Sünde mich verbogen hat – nicht, wie Gott mich geschaffen hat.

Dass Paulus hier auch ausdrücklich von lesbischem Verkehr spricht und nicht nur von männlicher homosexueller Aktivität, bestätigt den Gedanken, dass er hier jede Form von praktizierter Homosexualität meint und nicht nur die Beziehungen zwischen Mann und Jüngling, die man aus der römischen Kultur kennt.

Die drastische Ausdrucksweise von Paulus sollte uns allerdings nicht zu dem Schluss verleiten, dass homosexuelle Aktivität die schlimmste oder gar die einzige Form von Sünde wäre. Paulus betont sie hier vielleicht, weil sie ein recht lebendiges Beispiel ist und seinen römischen Lesern in ihrem Umfeld besonders vor Augen war. So oder so wird deutlich, was für jeden von uns gilt: Wenn wir Gott abweisen, entwickeln wir Begierden, für die wir eigentlich nicht gemacht sind. Und dies gilt für Heterosexuelle genauso wie für Homosexuelle.

b) Homosexualität ist ein Zeichen für Gottes Gericht

Paulus schreibt dies in Zusammenhang mit dem Evangelium: „Denn es wird geoffenbart Gottes Zorn vom Himmel her über alle Gottlosigkeit und Ungerechtigkeit der Menschen, welche die Wahrheit durch Ungerechtigkeit aufhalten" (Röm 1,18). Auch wenn eines Tages der „Tag des Zorns und der Offenbarung des gerechten Gerichtes Gottes" (2,5) kommt, ist Gottes Zorn über Sünde auch jetzt schon da.

Bei „Gottes Zorn" denken viele an einen Katastrophenfilm mit bombastischer Computeranimation oder an Blitze vom Himmel. Doch Paulus zeichnet ein ganz anderes Bild: Gottes Zorn wirkt sich darin aus, *dass er uns gibt, was wir wollen.*

In Reaktion auf den dreifachen Tausch, den Paulus skizziert hat, sehen wir nun drei Beispiele, wie Gott *uns uns selbst überlässt,* sodass wir mit den Auswirkungen unserer sündhaften Triebe leben müssen. Darin besteht sein gegenwärtiges Gericht. Wir wollen ohne ihn leben, und er gibt uns einen Vorgeschmack davon.

In jedem der Fälle führt Gottes „Dahingeben"[5] zur Verstärkung der Sünde und in der Folge zur Zerrüttung des menschlichen Verhaltens. Gott überlässt Menschen ihren „schamlosen Begierden und unreinen Leidenschaften" (V. 24; NL) bzw. „schändlichen Leidenschaften" (V. 26; ELB). Der Ersatz „natürlicher" Beziehungen durch „unnatürliche" führt dazu, dass Gott sie ihrem „verworfenen Sinn" (V. 28; ELB) und jeder Art von „Ungerechtigkeit" (vgl. V. 18) überlässt, was Paulus in einer langen Liste unsozialen Verhaltens weiter entfaltet (V. 28-31). Sünde führt zu Gericht, aber Gericht führt auch zu weiterer Sünde.

Die Existenz dieser sündhaften Verhaltensweisen erinnert uns daran, dass wir in einer Welt leben, die bereits jetzt einen Vorgeschmack von Gottes Zorn erlebt, den sie dann endgültig am Tag des Gerichts erfahren wird. Dass homosexuelle Handlungen mit auf der Liste stehen, weist darauf hin, dass sie von ihrem Wesen her ein Beispiel für die verzerrte Natur der sündigen Menschheit sind.

Es ist wichtig zu erkennen, dass Paulus hier in kollektiven Worten schreibt und nicht individuell denkt. Er beschreibt, was mit einer Kultur als

---

5 V. 24, andere Übersetzungen: „preisgeben", „ausliefern", „überlassen".

Ganzes geschieht; es geht zunächst nicht um den Einzelnen. Dass manche von uns gleichgeschlechtliche Anziehung empfinden, heißt nicht, dass wir uns stärker von Gott abgewandt hätten als andere oder er uns stärker dem Lauf der Dinge überlässt als andere.

Mit Leid ist es ja auch so. Dass manche besonders leiden müssen, bedeutet nicht, dass sie mehr gesündigt hätten als andere. Dass es Leid in der Welt gibt, zeigt, dass wir als Menschheit unter Gottes Urteil stehen. Ebenso erinnern mich meine homosexuellen Gefühle daran, dass mein Verlangen nicht okay ist, weil die Welt nicht okay ist. Wir haben uns alle von Gott abgewandt und gemeinsam sind wir der Sünde preisgegeben.

4.) 1. Korinther 6,9-10

Oder wisst ihr nicht, dass Ungerechte das Reich Gottes nicht erben werden? Irrt euch nicht! Weder Unzüchtige noch Götzendiener noch Ehebrecher noch Lustknaben noch Knabenschänder noch Diebe noch Habsüchtige noch Trunkenbolde noch Lästerer noch Räuber werden das Reich Gottes erben.

(1. Korinther 6,9-10; ELB)

Hier nennt Paulus verschiedene Personengruppen, die vom Reich Gottes ausgeschlossen sein werden, wenn sie nicht umkehren. Vier davon beziehen sich auf sexuelle Sünde, zwei speziell auf homosexuelle Praxis.[6]

Es steht viel auf dem Spiel: Paulus nennt Beispiele von Menschen, die nicht in den Himmel kommen. Wir sollten also wirklich verstehen, wovon er redet.

Der erste der beiden Begriffe über Homosexualität ist *malakoi,* was wörtlich „weich"[7] bedeutet. In der klassischen Literatur wurde er abfällig für Männer verwendet, die verweichlicht waren, für den jüngeren, passiven Partner in einer pädophilen Beziehung oder für männliche Prostituierte[8]. Da die Aufzählung in 1. Korinther 6 ansonsten sehr allgemein gehalten ist, kann man davon ausgehen, dass Paulus auch dieses Wort hier in einem weiten Sinn verwendet und sich allgemein auf den passiven Partner im homosexuellen Geschlechtsverkehr bezieht.

---

6 A. d. Ü.: Manche deutschsprachigen Bibelübersetzungen fassen die beiden Letzteren so zusammen: jemand, „der homosexuelle Beziehungen eingeht" (NGÜ), oder „mit Männern schläft" (ZÜ).

7 Vgl. SLT: „Weichlinge".

8 Vgl. NL.

Das passt auch zum zweiten Begriff: *Arsenokoitai* setzt sich aus „männlich" *(arsen)* und „Geschlechtsverkehr" zusammen *(koite,* wörtl.: „Bett"[9]). Diese beiden Wörter werden auch in der griechischen Übersetzung von 3. Mose 18,22 und 20,13 gebraucht, was nahelegt, dass Paulus sich hier darauf bezieht.

Arsenokoitai ist also ein allgemeiner Begriff für gleichgeschlechtlichen Sex, und seine Verbindung mit *malakoi* zeigt an, dass Paulus sowohl die aktiven als auch die passiven Partner anspricht.

Was bedeutet dies für unser Verständnis von Homosexualität?

Homosexuelle Sünde ist eine ernste Angelegenheit. Paulus sagt, dass Menschen, die Sex mit gleichgeschlechtlichen Partnern praktizieren und sich nicht davon abwenden, genau wie alle anderen „Ungerechten" nicht ins Reich Gottes kommen. Das ist eine krasse Aussage.

Paulus erinnert seine Leser auch daran, sich nicht täuschen zu lassen. Er geht davon aus, dass manche diese Lehre ablehnen werden. Sie werden argumentieren, dass Gott manche Formen homosexueller Praxis akzeptiere. Aber Paulus sagt klar: Homosexuelles Verhalten führt Menschen in die

---

9 Vgl. dt.: „Koitus".

Zerstörung. Etwas anderes zu lehren (wie es eine Reihe vermeintlich christlicher Leiter leider tun) ist gleichbedeutend damit, Menschen in die Hölle zu schicken. Hier geht es um das Evangelium (vgl. Kasten in Kapitel 4).

Dabei ist homosexuelle Sünde nicht einzigartig. Paulus zählt andere Formen sexueller Verfehlungen auf (Unzucht und Ehebruch), er nennt auch nichtsexuelle Sünden (z. B. Trinksucht oder Diebstahl). Praktizierte Homosexualität ist also eine sehr ernste Sache, aber sie ist es nicht allein. Sie ist Sünde, aber Habgier ist genauso Sünde. Gott wird diejenigen verurteilen, die ihr verfallen. Und genauso wird er es mit notorischen Dieben machen.

Deshalb sollten wir nie behaupten, dass Homosexualität die Sünde unserer Zeit sei. Wenn wir uns an die Bibel halten, müssen wir genauso gegen Diebstahl, Gier, Geiz, Trinksucht, Hassrede und Betrug predigen, die in westlichen Gesellschaften ebenfalls verharmlost werden, und auch in diesen Fällen das Ungerechte beim Namen nennen.

Doch in diesem Abschnitt steckt auch eine wundervolle Zusage:

Es gibt einen Ausweg aus homosexueller Sünde
Denn Paulus fährt in Vers 11 fort:

> Und solche sind etliche von euch gewesen; aber
> ihr seid abgewaschen, ihr seid geheiligt, ihr
> seid gerechtfertigt worden in dem Namen des
> Herrn Jesus und in dem Geist unseres Gottes!
> *(1. Korinther 6,11)*

Diese Verhaltensweisen gehören sich für die Christen in Korinth nicht, gerade weil sie *nicht mehr* so sind. Einige von ihnen waren homosexuell aktiv. Sie haben so gelebt. Aber jetzt nicht mehr. Sie sind „abgewaschen, geheiligt und gerechtfertigt"; ihnen ist vergeben, sie sind von ihren Sünden gereinigt und für Gott ausgesondert. Vor ihm haben sie eine neue Stellung und eine neue Identität.

Wie tief verwurzelt es in manchen auch sein mag, homosexuelles Verhalten ist nicht unausweichlich. Auch jemand, der seine Homosexualität auslebt, kann von Gott erneuert werden. Gefühle und Versuchungen mögen bleiben. Paulus' Warnung an seine Leser, nicht in ihren früheren Lebensstil zurückzufallen, lässt vermuten, dass ein gewisses Verlangen noch da ist. Aber in Christus sind wir nicht mehr die, die wir einmal waren. Wer aus einem aktiven homosexuellen Lebensstil kommt, braucht einen neuen Blick auf sich selbst.

Was uns einmal bestimmt hat, definiert uns nun nicht mehr.

5.) 1. Timotheus 1,9-10

> [Wir wissen aber, ...] dass einem Gerechten kein Gesetz auferlegt ist, sondern Gesetzlosen und Widerspenstigen, Gottlosen und Sündern, Unheiligen und Gemeinen, solchen, die Vater und Mutter misshandeln, Menschen töten, Unzüchtigen, Knabenschändern, Menschenräubern, Lügnern, Meineidigen und was sonst der gesunden Lehre widerspricht.
>
> *(1. Timotheus 1,9-10)*

Paulus verwendet hier wieder das Wort *arsenokoitai* als einen Oberbegriff für alle Formen von homosexuellem Verhalten. Wie in 1. Korinther wird dies zusammen mit anderen gravierenden Sünden genannt, die teilweise auch nichts mit Sexualität zu tun haben.

Solche Verhaltensweisen kennzeichnen Menschen, die nicht „gerecht" (V. 9) sind. Ihnen ist das Gesetz gegeben, um sie von Sünde zu überführen, und damit sie erkennen, dass sie Gnade brauchen. Für alle diese Verhaltensweisen gilt, dass sie „der gesunden Lehre widersprechen". Sie passen nicht zu dem Leben eines Christen. Sie stehen der neuen Identität entgegen, die wir in Christus haben.

Dieses Kapitel zu lesen wird für manche eine harte Kost gewesen sein. Es war auch nicht leicht zu schreiben! Überall, wo die Bibel homosexuelles Verhalten anspricht, verurteilt sie es. Die durchgehende Lehre ist offensichtlich: Gott verbietet homosexuelle Handlungen. Angesichts dessen, was die Bibel über Gottes Absicht mit Sex und Ehe sagt, sollte das nicht verwundern.

In Wahrheit ist die Lage noch schlimmer, als viele vermuten: Gott ist gegen jede sexuelle Aktivität außerhalb einer Ehe zwischen Mann und Frau. Die Bibel lehnt nicht homosexuelle Aktivität ab, um jeglichen heterosexuellen Akt gutzuheißen.

Trotzdem kann diese biblische Lehre für Menschen mit gleichgeschlechtlichen Gefühlen oder andere, die ihnen nahestehen, sehr hart sein. Besonders für diejenigen, die Christen sind und dennoch homosexuelle Empfindungen haben. Was heißt das für uns? Diskreditieren diese Gefühle uns als Christen?

Die Antwort lautet zum Glück: Nein! *Warum das so ist, wollen wir im nächsten Kapitel herausfinden.*

Eine homosexuelle Partnerschaft ist doch bestimmt okay, wenn sie treu und verbindlich gelebt wird?

Ein gängiges Argument zugunsten homosexueller Partnerschaft ist heute, dass es doch vor allem um Treue und Verbindlichkeit in der Beziehung gehe. Sollte nicht die Treue in einer Partnerschaft darüber entscheiden, ob die Beziehung moralisch gut ist oder nicht, anstatt das Geschlecht der Beteiligten? Ein promisker, schwuler Lebensstil mit vielen wechselnden Partnern und One-Night-Stands mag falsch sein, aber zwei Menschen, die sich lieben und treu zu dem stehen, was sie sich versprechen – das ist doch bestimmt okay?

Dieses Argument mag überzeugend scheinen und wird immer häufiger von Christen verwendet, um diese Art von homosexueller Beziehung zu legitimieren. Doch dazu ist einiges zu sagen.

In 1. Korinther 5 rügt Paulus die Gemeinde in Korinth, weil sie eine unerlaubte Beziehung akzeptieren. Ein Mann lebt mit der Frau seines Vaters zusammen; sie ist vermutlich seine Stiefmutter – ein Arrangement, das in 3. Mose 18 ausdrücklich verboten ist. Paulus ist bestürzt: Selbst die heidnische korinthische Gesellschaft würde solch eine Beziehung nicht erlauben (V. 1), doch hier findet es in aller Öffentlichkeit unter Gottes Volk statt.

Paulus' Reaktion an dieser Stelle ist lehrreich, sowohl bezüglich dessen, was er sagt, als auch, was er nicht sagt. Es geht nicht darum, ob sich dieses Paar liebt oder nicht. Paulus fragt auch nicht nach dem Grad ihrer Hingabe und Treue. Das ist nicht das Thema. Ob ihre Beziehung dauerhaft und verbindlich ist, ist unerheblich. Fakt bleibt, dass es falsch ist und nicht passieren sollte.

Paulus unterscheidet nicht zwischen treuen unerlaubten Beziehungen und anrüchigen unerlaubten Beziehungen, als ob Letztere verboten seien, während Erstere gerade noch so durchgehen könnten, weil sich die Partner ja treu sind. Dauerhaftigkeit und Treue machen die Sünde nicht kleiner. Paulus ruft dazu auf, das besagte Gemeindeglied aus der Gemeinschaft auszuschließen und als Gemeinde den Vorfall zu bedauern und zu bereuen (V. 2). Treue macht eine unerlaubte Beziehung nicht weniger sündhaft.

In vielen Lebensbereichen kann man gute Eigenschaften vorweisen und trotzdem etwas

Falsches tun. Ein Dieb mag seinen Bandenmitgliedern tadellose Loyalität entgegenbringen, während sie den Einbruch begehen: Er steht Wache, bewahrt sie vor Gefahr und stellt sicher, dass jeder seinen Anteil an der Beute erhält. Doch das alles schmälert das Verbrechen nicht; er ist einfach nur ein „guter" Dieb statt ein „böser".

Wie wir gesehen haben, verbietet die Schrift eindeutig jede homosexuelle Praxis. Eine treue und verbindliche Praxis ist nicht erlaubter als eine promiske.

Aber Jesus sagt gar nichts zu Homosexualität; wie kann sie dann falsch sein?

Manchmal wird gesagt, dass Jesus nicht gegen Homosexualität sein könne, weil er sich nie direkt dazu geäußert hat. Doch auch wenn er das Thema nicht direkt erwähnt, spricht er in seinen Lehren über Sexualität durchaus darüber. Schauen wir uns nochmals folgende Stelle an:

Er sprach aber: Was aus dem Menschen herauskommt, das verunreinigt den

Menschen. Denn von innen, aus dem Herzen des Menschen, kommen die bösen Gedanken hervor, Ehebruch, Unzucht, Mord, Diebstahl, Geiz, Bosheit, Betrug, Zügellosigkeit, Neid, Lästerung, Hochmut, Unvernunft. All dieses Böse kommt von innen heraus und verunreinigt den Menschen.

(Markus 7,20-23)

Jesus sagt, dass es Dinge gibt, die einen Menschen vor Gott geistlich unrein machen. In seiner Auflistung erwähnt er u. a. auch sexuelle Verfehlungen: Ehebruch, Zügellosigkeit und Unzucht. „Unzucht" steht für das griechische *porneia,* von dem auch unser Wort Pornografie herkommt. Dieses Wort umfasst jede sexuelle Aktivität außerhalb der Ehe. Das geht über den bloßen Geschlechtsverkehr hinaus und erstreckt sich auf jede Betätigung, die sexueller Natur ist. Keiner seiner Zuhörer hätte daran gezweifelt, dass Jesus Homosexualität miteinschloss.

Stellen Sie sich vor, ich beschließe diesen Sonntag in einem Anflug ungewohnter Großzügigkeit, am Ende des Gottesdienstes jedem zum Dank für sein Kommen 1000 Euro zu schenken. Jeder darf kommen und sich das Geld am Ausgang abholen. Wenn Sie da sind, schließt es Sie mit ein, auch wenn ich Sie nicht namentlich genannt habe. Ich habe Sie nicht direkt angesprochen, aber ich habe Sie miteingeschlossen. In seinen Äußerungen über sexuelle Unmoral benennt Jesus Homosexualität nicht direkt, aber er schließt sie mit ein.

So wie Jesus einerseits sexuelle Aktivitäten außerhalb der Ehe verurteilt, so spricht er andererseits von der einzig gottgemäßen Alternative zur Ehe: Enthaltsamkeit. In Matthäus 19 reagieren die Jünger ernüchtert auf seine Erklärungen zum Sinn der Ehe: „Steht die Sache eines Mannes mit seiner Frau so, dann ist's nicht gut zu heiraten" (V. 10; LUT). Seine Lehre ist für sie schwer zu schlucken. Wenn Ehe ein solch großes Ding ist, ist es vielleicht besser, es gleich zu lassen.

Jesus gibt eine bedeutsame Antwort:

Nicht alle fassen dieses Wort, sondern nur die, denen es gegeben ist. Denn es gibt Verschnittene, die von Mutterleib so geboren sind; und es gibt Verschnittene, die von Menschen verschnitten sind; und es gibt Verschnittene, die sich selbst verschnitten haben um des Reiches der Himmel willen. Wer es fassen kann, der fasse es!

(Matthäus 19,11-12; LUT)

Mit „Verschnittene" sind Eunuchen[10] gemeint. Eunuchen waren die Enthaltsamen ihrer Zeit, und Jesus weist darauf hin, dass ihr Zölibat eine Folge ihrer Geburt oder eines menschlichen Eingriffs gewesen sein konnte – oder auch eine bewusste Entscheidung, auf die Ehe zu verzichten. Warum auch immer Jesus dies anspricht, als die Jünger vor der Verbindlichkeit und Ernsthaftigkeit der Ehe zurückschrecken, es zeigt, dass dies für ihn die einzige Alternative zur Ehe ist.

Entweder man heiratet oder man bleibt Single.

Es gibt keine dritte Option, sei es eine homosexuelle Partnerschaft oder eine heterosexuelle außereheliche Beziehung. Was Jesus betrifft, gibt es für uns nur zwei gottgemäße Alternativen: (heterosexuelle) Ehe oder Enthaltsamkeit.

---

10 A. d. Ü.: Der Autor arbeitet mit diesem Begriff aus der *New International Version*, auf Deutsch vgl. die ZÜ.

KAPITEL 3

CHRISTEN UND HOMOSEXUALITÄT

Wir können davon ausgehen, dass eine ganze Reihe von Christen in irgendeiner Weise gleichgeschlechtliche Anziehung empfinden. Wir leben in einer gefallenen Welt. Die Schöpfung ist von der Sünde gezeichnet. Sie ist der Vergänglichkeit unterworfen (Römer 8,20). Es gibt Krankheit. Vieles ist nicht in Ordnung. Das beeinträchtigt unseren Leib, unsere Seele und unseren Geist. Christen sind genauso von den Auswirkungen der gefallenen Welt betroffen wie jeder andere. Christ zu sein macht es nicht unwahrscheinlicher, krank zu werden, tragische Situationen zu erleben oder in Unsicherheit zu geraten. Jeder von uns erlebt auch verdorbene sexuelle Begierden, seien sie heterosexueller oder homosexueller Natur. Es ist zunächst nicht „unchristlicher", etwas für Menschen des gleichen Geschlechts zu empfinden, als dass es „unchristlich" wäre, krank zu werden. Was uns als Christen ausmacht, ist nicht zuerst, was wir empfinden, sondern wie wir damit umgehen.

Was ist also mit einem Christen, der homosexuelle Empfindungen spürt? Wie kann er damit umgehen?

1.) Gebet

Wer sich sexuell zu Menschen seines Geschlechts hingezogen fühlt, sollte damit zu Gott gehen. Es ist wichtig zu wissen, dass wir über dieses Thema mit unserem himmlischen Vater reden können. Homosexuelle Gefühle schließen uns nicht von seiner Gegenwart aus. Das Thema ist nicht tabu. Er ist nicht weniger unser Vater, und wir sind nicht weniger seine geliebten Kinder, wenn wir so etwas empfinden.

a) Wir können mit Gott über jede Verwirrung und Bedrängnis sprechen

Wir haben vielleicht keine Ahnung, woher diese Gefühle kommen oder was sie für die Zukunft bedeuten mögen. Aber Gott kennt uns durch und durch. Wir können starken Trost darin finden, dass er alles unter Kontrolle hat und in *allen* Dingen (auch in solchen unerwünschten Erfahrungen) zu unserem Guten wirkt. Er hat versprochen, uns Weisheit zu geben, wenn sie uns mangelt – er „gibt gern und ohne Vorwurf" (Jak 1,5). Er ist der Erste und Beste, zu dem wir gehen können, wenn wir verwirrt sind und Schwieriges erleben.

b) Wir können mit Gott über unsere Anfechtungen sprechen

Jesus lehrt uns, zum Vater zu beten, um aus Versuchung erlöst zu werden (Mt 6,13). Es kann sehr hilfreich sein, die konkrete Form unserer Anfechtung im Gebet zu benennen und zu bekennen. Gott gibt uns die Kraft, sie zu bestehen. Jesus ist der, „der in allem versucht worden ist in ähnlicher Weise [wie wir], doch ohne Sünde" (Hebr 4,15). Er weiß, was es heißt, mit Anfechtung zu ringen, und kann mit uns mitfühlen. Damit ist er ein großartiger Retter, zu dem wir beten können. Wir können uns ihm mit großer Zuversicht nahen. Er ist nicht fern oder verständnislos.

c) Wir können mit Gott auch über unsere Schuld sprechen

Es gibt verschiedenste Ausprägungen, wie wir der homosexuellen Versuchung in Gedanken oder Taten nachgegeben haben mögen. Es ist richtig, wenn diese Sünden schwer auf uns lasten. Aber sie können vergeben werden! Christus ist auch für sie gestorben. Der Apostel Johannes erinnert uns daran: „Wenn wir aber unsere Sünden bekennen, so ist er treu und gerecht, dass er uns die Sünden vergibt und uns reinigt von aller Ungerechtigkeit" (1Jo 1,9). Es ist ein großer Segen zu wissen, dass wir mit Gott über die schlimmsten Dinge reden können, die wir getan oder gedacht haben.

2.) Die richtige Sichtweise
Christen sollten sich klar darüber sein, was solche Gefühle bedeuten und was nicht.

a) Diese Empfindungen werten uns nicht ab
Ich bin vielen Christen begegnet, die mir erzählten, dass sie sich durch ihre homosexuellen Empfindungen geistlich zutiefst unsauber fühlen. Einige sagten, sie würden sich wie „beschädigte Ware" fühlen, als ob sie nicht mehr repariert werden könnten und auf immer Gott missfallen würden.

Es passiert leicht, sich dann mit Menschen in heterosexuellen Anfechtungen zu vergleichen: Immerhin werden diese durch eine Form von Sexualität versucht, für die sie geschaffen sind. Das kann für Menschen mit homosexuellen Gefühlen doppelt beschämend sein: nicht nur von einer falschen Sache versucht zu werden, sondern auch noch von der falschen Form einer falschen Sache.

Es stimmt, dass wir so nicht gedacht sind. Solche Empfindungen können uns an das Evangelium erinnern: Wir können uns Gottes Annahme nie selbst verdienen. Es war nie die Rede davon, dass wir aus uns selbst solchen Wert besitzen oder geistlich rein sein könnten. Im Gegenteil: Nur „in Christus" können wir in Gottes Augen gerecht werden (2Kor 5,21). Und keine Versuchung, die wir erfahren – so hartnäckig sie auch sein mag –, kann dies infrage stellen. In Christus stehen wir heilig und tadellos vor Gott da (Kol 1,22).

b) Diese Empfindungen definieren uns nicht

Solche Gefühle können auch in anderer Hinsicht überbewertet werden: wenn man nämlich denkt, dass sie allein über unsere Identität bestimmen. Wir leben in einer Kultur, die Sexualität nahezu gleichsetzt mit Identität: „Du bist, was du sexuell empfindest." Uns wird nahegelegt, in unseren homosexuellen Empfindungen den tiefsten Kern unserer Identität zu sehen.

Hier können Christen sehr leicht eine gesunde Sichtweise verlieren. Wir können meinen, dass gleichgeschlechtliche Anziehung *das* Thema unseres Lebens als Christ sei, als ob es keine anderen Sünden oder Kämpfe gäbe, die unsere Aufmerksamkeit brauchen. Meiner Einschätzung nach habe ich sehr viel mehr mit Gier zu kämpfen als mit sexueller Versuchung. Doch homosexuelle Empfindungen können zur Brille werden, durch die wir unser ganzes Leben als Christ betrachten. Ja, sie wirken sich auf eine ganze Reihe von Lebensbereichen aus. Aber sie definieren nicht unser Leben.

Wie schon gesehen kann Paulus über die Korinther sagen, dass manche von ihnen homosexuell aktiv „gewesen" waren (1Kor 6,11). Manche Versuchungen bleiben bestehen, aber unsere Identität hat sich radikal verändert.

Es ist auch wichtig zu verstehen, dass Sexualität nicht zwangsläufig statisch ist. Unsere Gefühle sind nicht in jeder Entwicklungsphase gleich. Dies gilt vielleicht besonders für die Pubertät, in der sich die sexuelle Anziehung erheblich verändern kann. Ich habe mit vielen Männern und Frauen gesprochen, die als Teenager homosexuelle Phasen durchlaufen und dann entdeckt haben, dass ihr Verlangen zum anderen Geschlecht zurückgekehrt ist. *Einmal homosexuell* bedeutet nicht gleich *immer homosexuell.* Umso wichtiger ist es, dass jemand, der im Laufe seiner Entwicklung einmal homosexuelle Gefühle erlebt, nicht davon ausgeht, dass damit seine „Orientierung" nun feststehe, mit der er den Rest seines Lebens zuzubringen hat.

3.) Unterstützung

Es kann schwer sein, mit anderen darüber zu sprechen. Wenn in unserer Gemeinde immer nur sehr negativ über Homosexualität gesprochen wurde, können wir uns unwohl dabei fühlen, mit anderen Gläubigen über unsere Gefühle zu reden.

Manchmal befürchten Christen, sie würden sich mit solchen Gefühlen blamieren oder ihre christlichen Freunde und sogar ihr Pastor wären enttäuscht. Aber wir müssen uns nicht dafür schämen, wenn wir erzählen, womit wir zu kämpfen haben. Eigentlich ist es ein großes Vorrecht, wenn ein anderer Christ uns so etwas Persönliches erzählt. Wir sind alle schwach! Kein Christ soll mit seinen inneren Kämpfen allein bleiben. Jeder braucht die Unterstützung von anderen. „Einer trage des anderen Lasten, und so sollt ihr das Gesetz des Christus erfüllen!" (Gal 6,2).

Kann Gott unser sexuelles Verlangen verändern?

Einerseits ist die Antwort auf diese Frage ein entschiedenes: Ja! Wir wissen um unsere Hoffnung in Christus auf die Ewigkeit in der neuen Schöpfung, ohne die Versuchungen und Folgen der Sünde. Wir werden einen erneuerten Leib haben. Es wird keine Tränen mehr geben. Alles, was uns quält, wird vorbei sein. Es wird kein Ringen um Sexualität mehr geben. In der Ewigkeit werden wir für immer so verwandelt, dass wir sein werden wie Christus. Das ist die sichere Hoffnung eines Christen.

Aber was ist mit diesem Leben? Ist es möglich, dass Gott unsere sexuellen Empfindungen schon verändert, bevor wir in die neue Schöpfung eingehen?

Ich glaube, dass Veränderung möglich ist. Aber ein vollständiger Wechsel der sexuellen Orientierung wird uns in der Bibel nirgends versprochen. Christen glauben, dass Gott souverän ist. Er kann uns somit durch das Wirken seines Heiligen Geistes auch in diesem Leben schon von jedem Schaden heilen, den wir erfahren haben, und uns von negativen Verhaltensmustern erlösen. Es sollte keinen Zweifel geben, dass Gott unsere sexuellen Gefühle verändern *kann,* und es gibt zahlreiche persönliche Berichte darüber.

Ich denke an einen guten Freund, der erlebte, wie sich seine sexuellen Empfindungen schnell und dramatisch veränderten. Als junger christlicher Mann hatte er ausschließlich etwas für Männer empfunden. Als er sich dies eingestand und anfing, mit Familie und Freunden darüber zu sprechen, stellte er fest, dass sich die Dinge bald veränderten. Er verliebte sich in eine Frau, die er kannte, und ist inzwischen seit vielen Jahren glücklich verheiratet. Er hatte die Veränderung nicht aktiv gesucht, aber sie geschah dennoch. Ich habe von anderen Christen gelesen oder gehört, die eine ähnlich tiefgreifende Veränderung erlebt haben, wenn auch nicht immer so plötzlich.

Aber diese Erfahrung können nicht alle teilen. Manche Christen haben inbrünstig für Veränderung gebetet und sie erlebt; andere haben ebenso inbrünstig gebetet und keine Veränderung erlebt.

Erinnern wir uns daran, dass wir als Christen im Spannungsfeld zweier Realitäten leben:

a) Als Christen sind wir neu gemacht

> Ist jemand in Christus, so ist er eine neue Schöpfung.
>
> *(2. Korinther 5,17)*

Wir haben „den neuen Menschen angezogen" (Eph 4,24). Das Evangelium hat *uns selbst* verändert, nicht nur etwas *in uns*. Wir sind neu gemacht, oder wie Jesus sagt: von Neuem geboren (Joh 3,3).

b) Aber wir haben noch nicht die Fülle der Erlösung

Noch „erwarten [wir] seufzend die Sohnesstellung, die Erlösung unseres Leibes" (Röm 8,23), dass „Gott uns in unsere vollen Rechte als seine Kinder einsetzen" wird (NL). Unser Ringen mit der Sünde geht weiter. Versuchung hört nicht auf. Die volle Heilung und Befreiung, nach der wir uns sehnen, ist uns nicht diesseits der neuen Schöpfung verheißen.

Weil wir zwischen diesen beiden Realitäten gefangen sind, sagt Paulus hier, dass wir seufzen. Wir haben bereits einen Vorgeschmack bekommen, was es bedeutet, Gottes rechtmäßiger „Sohn" zu sein, deshalb sehnen wir uns nach dem vollen Zustand – wie wenn man nur einen Löffel eines köstlichen Gerichtes geschmeckt hat und auf einmal seinen Hunger spürt und weiß, wie herrlich es sein wird, das ganze Mahl zu essen.

Es gibt solche Zeiten der Gnade, in denen Gott Teile unserer zukünftigen Wirklichkeit schon in unsere Gegenwart gibt und tiefgreifende Heilung und Erlösung schenkt. Solche Ereignisse zeigen Gottes Macht über andere Kräfte in unserem Leben. Wir danken Gott, wenn so etwas geschieht. Aber Gott wird *auch* verherrlicht, wenn wir lernen, uns an ihm zu freuen, obwohl das Bedrängende bleibt und Veränderung nur sehr langsam geschieht oder es sogar Rückschritte gibt.

Veränderung in diesem Leben ist möglich, aber nicht garantiert. Deshalb sollten wir weder davon ausgehen, dass es nicht dazu kommen kann, noch dass es geschehen *muss*. Wir müssen lernen, dem

Gott zu vertrauen, der das Ende von Anfang an kennt und keinen Fehler macht.

Können wir von unverheirateten Christen mit homosexuellen Empfindungen wirklich erwarten, dass sie Single bleiben?

Wir haben schon gesehen, dass die Bibel jede sexuelle Betätigung außerhalb einer Ehe zwischen Mann und Frau untersagt. Einigen Christen mit homosexuellen Gefühlen wird es möglich sein zu heiraten, weil sie ein gewisses Maß an Veränderung erleben oder feststellen, dass sie trotz anhaltender homosexueller Versuchung doch auch eine glückliche Ehe mit einem heterosexuellen Partner genießen können.

Ich kenne eine Anzahl an Frauen und Männern, auf die dies zutrifft. Ihre Gefühle bleiben vorherrschend homosexuell, aber sie haben dennoch tiefe Kameradschaft und genügend (wenn auch nicht gerade überwältigende) sexuelle Chemie in einer heterosexuellen Ehe gefunden.

Aber was ist mit den Brüdern und Schwestern, für die eine Ehe nicht realistisch ist? Müssen sie Single bleiben? Ist das realistisch?

Die Antwort aus der Bibel lautet auf beide Fragen: „Ja." Wie schon dargelegt, spricht Jesus in Matthäus 19,10-12 über eine Alternative zur Ehe und nennt als solche nicht ein Zusammenleben ohne Trauschein, gleichgeschlechtliche Partnerschaften oder irgendeine andere Form von sexueller Beziehung. Er weist auf die Eunuchen hin („Verschnittenen") – die Zölibatären. Das ist die einzige gottgemäße Alternative zur heterosexuellen Ehe. Denn solange man nicht verheiratet ist, soll man sich von sexueller Aktivität enthalten. „Zölibatär" und „keusch" sind irgendwie veraltete Worte, aber sie erfassen, worum es geht: Singlesein und sexuelle Abstinenz.

Gesundes Singlesein

Aber ist das gesund? Können wir in diesen Zeiten, in denen zu frei ausgelebter Sexualität ermutigt wird, von unverheirateten Menschen erwarten, sich sexuell völlig zurückzuhalten?

In gewissem Sinn ist die Sache für uns sofort klar, wenn die Bibel für uns Autorität hat. Gottes Wort ist eindeutig. Wenn wir uns an die Bibel halten, müssen wir auch hierzu stehen. Man kann sich nicht hinstellen als jemand, für den die Bibel höchste Richtschnur ist (was in der Kirchengeschichte immer die wesentliche Position gewesen ist), und dann nach Belieben einzelne Aussagen ablehnen. Das würde bedeuten, dass wir darüber entscheiden, was wahr ist, und nicht Gott.

Die Bibel zeigt uns die positiven Seiten des Singleseins. Es kann verschiedene Gründe dafür geben, auf Dauer Single zu sein (wie Jesus selbst in Matthäus 19 anerkennt), aber in jedem Fall kann es ein Kanal des Segens sein, für uns wie auch für andere.

Singlesein als Gabe

Paulus bezeichnet das Singlesein als „Gabe" von Gott (1Kor 7,7), wie es auch die Gabe der Ehe gibt. Singlesein ist nicht einfach die Abwesenheit von Ehe, sondern in sich ein guter und gesegneter Lebensstand. Beides hat seine Vor- und Nachteile und bringt seine Möglichkeiten und Herausforderungen, Nöte und Freuden mit sich.

Die Bibel spricht sehr positiv von Singles

Jesus war selbst Single. Das ist sehr bedeutsam, denn er war wirklich Mensch, die ganzheitlichste Person, die je gelebt hat. Sein Singlesein schmälerte in keiner Weise sein Menschsein. Er war deswegen kein Mängelwesen. Niemand ist das. Ehe ist bei allem Segen kein intrinsischer (wesensmäßiger) Zug einer Person, als ob sie erst dadurch ganz sie selbst geworden sei und sich erst so voll verwirklicht habe.

Singlesein hat manche Vorteile

Paulus spricht das Offensichtliche aus, dass Singles manche „zusätzliche Belastungen" erspart bleiben (1Kor 7,28; NGÜ). Ehe und Familienleben können hart sein, manchmal sogar sehr. Ein verheirateter Christ hat zahlreiche Verantwortlichkeiten, die viel Zeit und Energie aufsaugen.

Als Pastor verbringe ich viel Zeit mit verschiedensten Familien in oder außerhalb der Gemeinde. Manchmal bringt es mich ins Nachdenken, wenn wir etwas spielen, ich den Kindern bei ihren Hausaufgaben helfe oder ein neugeborenes Baby an meiner Schulter einschläft. Dann sehne ich mich nach einer eigenen Familie.

Aber manchmal ist es auch das Gegenteil! Ich komme unerwartet irgendwo vorbei und bekomme mit, dass in diesem Haushalt gerade der Dritte Weltkrieg ausgebrochen ist. Brüllen, Chaos und heiße Tränen. Ich bin nervös und es ist mir unangenehm, dass ich so hineinplatze. Ich versuche abzuschätzen, wie lange ich bleiben sollte, damit mein Abgang nicht ganz und gar unhöflich wirkt. (zwölf Minuten sind ungefähr richtig, besonders wenn ich einen nächsten Besuchstermin ins Feld führen kann.)

In solchen Momenten bin ich im Stillen dankbar für das Geschenk des Singleseins!

Singlesein bietet auch besondere Möglichkeiten
Paulus sagt, dass sich der Single ungeteilter seiner Beziehung zu Gott widmen kann (1Kor 7,32-35). Im komplexen Familienleben ist es oft

herausfordernd, sich aufmerksam auf Gott auszurichten, weil man in so viele Richtungen gleichzeitig gezogen wird. Für einen christlichen Single ist das wesentlich einfacher. Man kann ganzen Herzens den Dienst im Reich Gottes angehen.

Singles haben oft mehr Kapazitäten für Freundschaften frei, können flexibler leben und sind frei für eine größere Bandbreite von Aufgaben und Diensten, als es für ihre verheirateten Freunde möglich ist. Als Single bin ich dankbar, dass ich manchmal alles stehen- und liegenlassen konnte, um für Freunde in Not da zu sein. Es hat mir unglaublich viel bedeutet, dass ich das tun konnte, und als Ehemann wäre das nicht so einfach gewesen. Ich bin auch dankbar für die vielen guten Freundschaften, die ich aufbauen konnte. Es ist ein großes Vorrecht, am Leben so vieler Menschen Anteil nehmen zu können.

Der Segen des Singleseins

Wer von uns Single ist, sollte das Beste aus den Möglichkeiten machen, die das Singlesein bietet, um seine Beziehung zu Gott zu vertiefen. Singlesein ist keine Fessel, sondern kann ein großer Segen sein, sowohl für uns als auch für andere. Wer dauerhaft als Single lebt, für den werden sich die Herausforderungen und Möglichkeiten mit der Zeit verschieben. Mit Mitte 50 Single zu sein ist etwas ganz anderes als mit Mitte 20. Manches wird schwieriger, manches leichter. Die Art von Unterstützung, die wir brauchen und die wir anderen geben können, kann sich mit der Zeit erheblich verändern.

Die Kirchengeschichte ist voll von lebenslangen Singles, die ein großer Segen für die Christenheit und die Welt insgesamt gewesen sind. Manche durch ihr missionarisches Engagement, andere durch ihren Dienst in der Gemeinde oder durch treue Freundschaften und ihren Beistand für andere. Welche Ehre, auf diese Weise gebraucht zu werden!

Welches sind die größten Kämpfe homosexueller Christen?

Unterschiedliche Menschen haben unterschiedliche Kämpfe. Nicht alles gilt nur für Menschen mit homosexuellen Empfindungen. Doch die folgenden Felder werden oft als besondere Schwierigkeiten genannt:

Einsamkeit

Auch wenn viele Gemeindeveranstaltungen allen offenstehen, wirkt das Gemeindeleben doch oft so, als ob es sich um Paare und Familien herum strukturiert. Singles können sich ein bisschen wie ein

Ersatzteil fühlen, vor allem in einem Lebensalter, in dem die meisten ihrer Freunde verheiratet sind.

Für manche ist es schwierig, wie sie ihren Urlaub verbringen sollen; die meisten verreisen dann mit ihrer Familie oder zusammen mit anderen Paaren und Freunden. Ich denke an einen Mitchristen, der sich oft bis zur Erschöpfung in die Arbeit stürzt, weil es für ihn, wie er selbst sagt, zu schmerzhaft ist, Zeit mit sich alleine zu verbringen. Es ist einfacher, den Tag mit Arbeit und geistlichem Dienst zu füllen. Er erzählt, dass er sich davor fürchtet, nach seinen Urlaubsplänen gefragt zu werden.

Für andere ist es sehr schwer, jeden Abend nach Hause in eine leere Wohnung zurückzukommen. Dass man für niemanden die Hauptperson im Leben ist und keiner in besonderer Weise an einen denkt. Wie eine Mitchristin sagte: „Ich möchte einfach für jemanden an erster Stelle stehen!" Andere erzählen, dass sie ihren Geburtstag fürchten, weil niemand da ist, der den Tag zu etwas Besonderem macht.

Isolation

Mit der Einsamkeit geht oft Isolation einher. Christliche Singles vermissen oft einfach die Geselligkeit: Menschen zu haben, mit denen man „nichts" macht. Eines der nettesten Geschenke bekam ich einmal von einer Familie, die ich oft besucht hatte:

Als mein Umzug anstand, schenkten sie mir zum Abschied eine kleine, ausgekleidete Schachtel. Darin war nichts Großes oder Teures, aber es bedeutete mir alles: ein Ersatzschlüssel für ihr Haus. Es war eine wunderbare Bestätigung unserer Freundschaft.

Sexuelle Versuchung

Die meisten Christen haben auf die eine oder andere Weise auch mit sexueller Versuchung zu tun. Für viele ist es ein großer Kampf. Homosexuell zu empfinden macht sexuelle Versuchung nicht schlimmer oder besser als für jeden anderen. Aber es kann ein großes Problem sein, besonders wenn man mit niemandem darüber sprechen kann. Jeder Kampf, den man allein angehen muss, ist schwerer.

Homoerotische Neigungen bedeuten nicht zwangsläufig, dass man sich zu jeder Person des eigenen Geschlechts hingezogen fühlt, die einem über den Weg läuft. Heterosexuelle fühlen sich auch nicht von jedem angezogen. Aber es kann Zeiten geben, in denen man sich von manchen Freunden tief angezogen fühlt.

Für manche ist die Anziehung mehr emotional als körperlich. Ich kenne einige Menschen mit gleichgeschlechtlichen Empfindungen, die in einer ungesunden Weise emotional von anderen abhängig sind. Es kann quälend sein, wenn eine ansonsten gute Freundschaft allmählich zum Objekt intensiver, unerwünschter Sehnsucht wird. Ein Freund beschrieb diese Erfahrung mit dem Wort „Freundschaftsheroin": Man fühlt sich plötzlich super, wenn ein bestimmter Freund einem Bestätigung gibt, und ist am Boden, wenn er nicht da ist. In solchen Zeiten ist es natürlich lebensnotwendig, dass andere da sind, die helfen, unterstützen und die Sache mit einem durchsprechen.

Wie kann Gott damit zum Ziel kommen?

Die Bibel sagt, dass Gott bei denen, die ihn lieben, in allen Dingen zum Guten wirkt (Röm 8,28). Das beinhaltet auch sündhafte Neigungen, mit denen wir zu kämpfen haben, und auch unsere Fehler, die wir dabei machen. Vieles wäre ohne den Sündenfall nicht da, und dennoch kann Gott es im Hier und Jetzt zum Guten gebrauchen. Paulus lässt uns nicht im Unklaren, wie dieses Gute aussieht. Was für uns gut ist, macht uns Jesus ähnlicher:

> Wir wissen aber, dass denen, die Gott lieben, alle Dinge zum Guten mitwirken, denen, die nach seinem Vorsatz berufen sind. Denn die er vorher erkannt hat, die hat er auch vorherbestimmt, dem Bilde seines Sohnes gleichförmig

zu sein, damit er der Erstgeborene sei unter vielen Brüdern.

(Römer 8,28-29; ELB)

Es ist Gottes Plan, dass viele Menschen wie Jesus werden. Das ist das Gute, in dessen Richtung er alle Dinge drängt. Es ist ein großer Trost für Menschen, die mit unerwünschten homosexuellen Gefühlen ringen, wenn sie wissen, dass solche Kämpfe in Gottes Hand zum Mittel seiner Gnade werden können.

Paulus kannte das aus eigener Erfahrung. In 2. Korinther 12 schreibt er von seinem „Pfahl im Fleisch":

[Deshalb] wurde mir ein Pfahl fürs Fleisch gegeben, ein Engel Satans, dass er mich mit Fäusten schlage, damit ich mich nicht überhebe. Seinetwegen habe ich dreimal den Herrn gebeten, dass er von mir ablassen soll. Und er hat zu mir gesagt: Lass dir an meiner Gnade genügen, denn meine Kraft wird in der Schwachheit vollkommen!

(2. Korinther 12,7-9)

Paulus sagt nicht, was dieser „Pfahl" war. Vielleicht war es ein chronisches Leiden, eine wiederkehrende Versuchung oder ein schwieriger Zeitgenosse.

Wir wissen es nicht. Aber er sagt, dass es kaum zu ertragen war. Er hat zu Gott „gefleht"[11], dass er es wegnehme.

Er sagt auch, wo es herkam: von Gott. Es war ihm „gegeben", um Paulus davon abzuhalten, arrogant zu werden. Und an ihn wandte sich Paulus auch mit seinem Flehen um Abhilfe. Doch Paulus beschreibt das Problem auch als einen „Engel Satans", der ihn „schlägt". Das ist eindeutig nichts Gutes an sich. Und doch war es Gottes Absicht, dass es in Paulus' Leben blieb und daraus etwas Gutes entstand. Sein Wille war etwas Größeres als die Befreiung von der Qual: Er sollte erkennen, dass Gottes Gnade ausreicht.

Solche Passagen können Menschen, die mit gleichgeschlechtlichen Neigungen ringen, sehr ermutigen. Für manche mag der Kampf gerade sehr leidvoll sein. Für manche wird er über viele lange Jahre andauern. Aber in Gottes Plan ist es keine vergeudete Zeit. Wir können dadurch Jesus ähnlicher werden und das Ausmaß seiner Gnade tiefer erkennen. Nichts ist besser für uns. So liegt der Gewinn für Christen, die so empfinden, nicht unbedingt darin, dass die Versuchungen aufhören, sondern dass uns in der Hitze des Kampfes Jesus immer kostbarer wird.

---

11 Vgl. LUT u. a.

Wenn man mit homosexuellen Gefühlen zu kämpfen hat, dann ist das genau das – ein Kampf. Aber ich kenne viele Christen, die bezeugen können, wie Gott aus diesen Erfahrungen Gutes hervorgebracht hat. Manche sagen, dass sie dadurch barmherziger und sensibler geworden sind. Andere erzählen von Chancen zum Dienst für Gott, die sie dadurch bekommen haben, und wie sie dadurch anderen mit ähnlichen Empfindungen helfen können. Einige konnten mit Menschen aus der Schwulenszene über ihren Glauben sprechen, die für normale Gemeindemitglieder nicht ansprechbar wären. Aber was vermutlich das alles noch übersteigt: Sie können davon erzählen, wie diese Kämpfe – mit all dem damit einhergehenden Durcheinander und der Unsicherheit – ihnen tiefer bewusst gemacht haben, wie unfassbar gut Gott ist.

Machen wir es uns da nicht ein bisschen einfach, wenn wir uns herauspicken, welche Gebote aus dem Alten Testament man heute noch halten muss und welche nicht?

Ferner das Schwein; es hat ganz gespaltene Klauen, aber es ist kein Wiederkäuer; darum soll es für euch unrein sein.

(3. Mose 11,7)

Du sollst keine Kleidung aus verschiedenartigen Garnen anziehen, die aus Wolle und Leinen zusammengewoben ist.

(5. Mose 22,11)

Du sollst bei keinem Mann liegen, wie man bei einer Frau liegt, denn das ist ein Gräuel.

(3. Mose 18,22)

Es scheint inkonsequent, wenn Christen Homosexualität ablehnen, aber andere Regeln in der Bibel ignorieren, wie etwa Vorschriften zu Ernährung oder Kleidung. Dieser Einwand mag erst einmal sehr einleuchtend klingen. Während ich dies schreibe, habe ich gerade zum Mittagessen Schweinefleisch gegessen und trage ein Hemd aus Mischfasern; beides war im Alten Testament verboten.

Das Problematische an diesem Einwurf ist, dass er davon ausgeht, dass Christen bei allen Teilen des alttestamentlichen Gesetzes den gleichen Ansatz verfolgen. Doch die christliche Perspektive auf das Alte Testament ist etwas differenzierter.

Das Alte Testament ist keine flache Landschaft. Es reiht nicht einfach Regeln und Vorschriften aneinander, die alle gleichermaßen bindend wären. Es hat eine bestimmte Form, deren Konturen, Betonungen und Prioritäten von Jesus selbst dargelegt und ausgefüllt worden sind. Er sagt selbst:

> Ihr sollt nicht meinen, dass ich gekommen sei, um das Gesetz oder die Propheten aufzulösen. Ich bin nicht gekommen, um aufzulösen, sondern um zu erfüllen!
>
> *(Matthäus 5,17)*

Jesus ist weder gekommen, um das Gesetz als Unsinn früherer Zeiten auszurangieren, noch um es durchzusetzen und zu kontrollieren. Er ist auch nicht gekommen, um sich aus dem ganzen Haufen ein paar Teile mit der Pinzette herauszupicken, die heute vielleicht immer noch funktionieren könnten. Er bezog sich auf das ganze Gesetz. Aber wenn wir sein Leben und Wirken verfolgen, sehen wir, dass er verschiedene Teile unterschiedlich erfüllt.

Jesus hat die Reinheits- und Speisegebote beendet. Er erklärte alle Nahrungsmittel für rein (Mk 7,19; vgl. Apg 10,9-16). Er berührte Aussätzige und Tote, ohne dadurch unrein zu werden.

Er sprach von seinem Leib als dem wahren Tempel und von seinem Tod als dem ultimativen Opfer für Sünden (Joh 2,21; Lk 22,19-20). Sein Tod hat uns den Zugang zu Gott eröffnet, sodass die Vorschriften des Alten Testaments zum Tempel und zum Opfersystem nun hinfällig sind.

Jesus hat das Volk Gottes neu aufgestellt. Im Alten Testament war es eine Nation mit einem eigenen Staat. Im Neuen ist es eine weltweite Gemeinde, die in zahlreichen Ortsgemeinden auf der ganzen Welt verkörpert wird und den Gesetzen säkularer Regierungen untersteht. Die Gebote aus dem Alten Testament zum bürgerlichen Zusammenleben (wie etwa die Todesstrafe für schwere Sünde) gelten für Gläubige heute also nicht mehr in gleicher Weise.

Durch sein Leben ohne Sünde hat Jesus alle moralischen Anforderungen des Gesetzes verkörpert. Durch die Verbindung mit ihm wird „die vom Gesetz geforderte Gerechtigkeit in uns erfüllt", wenn wir in der Kraft seines Geistes leben (Röm 8,4). Auf diese Weise können wir ein Leben der Liebe leben, was exakt das Ziel der Moralgesetze im Alten Testament war (Röm 13,8). Um zu entfalten, was es heißt, Liebe zu leben, werden viele dieser moralischen Gebote im Neuen Testament aufgegriffen, einschließlich derer, die sich auf Sexualethik beziehen.

Timothy Keller fasst es treffend zusammen: „Kurzum, das Kommen Christi hat unseren Gottesdienst verändert, aber nicht unseren Lebensstil. Das Moralgesetz zeichnet Gottes Charakter nach – seine Integrität, Liebe und Treue. Und so ist alles, was das Alte Testament über Nächstenliebe, Armenfürsorge, großzügigen Umgang mit dem eigenen Besitz, soziale Beziehungen und Verantwortung für unsere Familie sagt, immer noch in Kraft. Im Neuen

Testament ist es weiterhin verboten, einen Menschen zu töten oder seinen Ehepartner zu betrügen. Die ganze Sexualethik wird im Neuen Testament wiederholt (Mt 5,27-30; 1Kor 6,9-20; 1Tim 1,8-11). Wenn das Neue Testament ein Gebot bestätigt, dann ist es auch für uns heute noch in Kraft."[12]

Wir beachten nicht alle Texte des Alten Testaments auf gleiche Weise. Wir richten uns nach Jesus. Wir befolgen nicht alle Gesetze im Alten Testament, weil Jesus erklärt hat, was sein Tod bewirken würde. Wenn wir es doch täten, würden wir damit seinen Tod am Kreuz entwerten. Doch die sexualethischen Lehren aus dem Alten Testament werden im Neuen Testament bestätigt und wiederholt, deshalb sind sie für uns heute noch verbindlich.

---

12 *Timothy Keller in seinem Artikel „Old Testament Law and the Charge of Inconsistency" in: Redeemer Report* Juni 2012. Auch unter https://redeemer.com/redeemer-report/article/old_testament_law_and_the_charge_of_inconsistency (aktualisierter Zugriff November 2020).

Sind homosexuelle Empfindungen Sünde?

Es ist nicht gut, sich von Menschen des gleichen Geschlechts sexuell angezogen zu fühlen. Wie vieles andere ist das eine Folge des Sündenfalls. Vor 1. Mose 3 gab es so etwas nicht, und in der neuen Schöpfung wird es das auch nicht geben. Für diese Art von Anziehung hat Gott uns nicht gemacht, und sie widerspricht seinem Plan.

Aus der Schrift wissen wir, dass Anfechtung aus unserem eigenen gefallenen Herzen kommt. Jakobus ist da sehr klar:

> Niemand sage, wenn er versucht wird: Ich werde von Gott versucht. Denn Gott kann nicht versucht werden zum Bösen, und er selbst versucht auch niemand; sondern jeder Einzelne wird versucht, wenn er von seiner eigenen Begierde gereizt und gelockt wird.
>
> *(Jakobus 1,13-14)*

Wir können die Anfechtung nicht anderen in die Schuhe schieben, erst recht nicht Gott. Homosexuelle Versuchung spiegelt unsere gefallene Natur wider.

Aber es ist etwas anderes, wenn man sagt, dass das Vorhandensein der Anfechtung an sich schon Sünde sei, über die man Buße tun müsse. Christen haben stets zwischen Anfechtung und Sünde unterschieden. Schließlich hat Jesus seine Jünger so beten gelehrt:

Und vergib uns unsere ganze Schuld! [...]
Und führe uns nicht in Versuchung, sondern befreie uns von dem Bösen!

(Matthäus 6,12-13; NeÜ)

Mit anderen Worten: Für Schuld brauchen wir Vergebung, für Versuchung Befreiung. Wir sollen nicht für Versuchung um Vergebung bitten, sondern nur für Sünde, der wir nachgeben. Stattdessen sollen wir in der Anfechtung standhaft sein und sie treu ertragen (1Kor 10,13).

In dem Moment, in dem wir unangebrachte Gefühle für jemanden unseres eigenen Geschlechts hegen, sollen wir den unreinen Gedanken und Gefühlen widerstehen, die in uns entstehen. Wir sollen uns dazu entscheiden, vor solchen Dingen fliehen zu wollen und sie nicht zuzulassen – und dazu suchen wir Gottes Hilfe und Kraft. Wir vergegenwärtigen uns, dass solche Erfahrungen nicht Gottes Plan für uns und daher nicht gut für uns sind. Wir kämpfen darum, Gott zu ehren, und wir vertrauen ihm, dass er treu ist und nicht zulassen wird, dass wir über unser Vermögen versucht werden.

Wenn man bereits homoerotische Empfindungen für Sünde erklärt, dann scheint man selbst die Möglichkeit, dass wir überhaupt in Versuchung geraten können, als sündig zu erklären, was meiner Meinung nach nicht der Bibel entspricht. Und wie nicht anders zu erwarten, kann es schweren seelsorgerlichen Schaden anrichten, wenn man etwas behauptet, was die Bibel nicht sagt. Die Folge ist, dass viele Christen mit homosexuellen Neigungen starke Schamgefühle bekommen. Sie wissen, dass diese Neigungen nicht nach Gottes Plan sind. Sie sehnen sich danach, sie loszuwerden, und wollen Christus gehorsam sein. Meiner Erfahrung nach empfinden Menschen mit homosexuellen Gefühlen stärkere Scham über ihre sexuellen Versuchungen als andere über ihre heterosexuellen Versuchungen. Zu hören, dass das bloße Vorhandensein dieser Versuchung (unabhängig davon, wie man darauf reagiert) an sich schon Sünde sei, die man

bereuen müsse, kann einen sensiblen Gläubigen am Boden zerstören.

KAPITEL 4

HOMOSEXUALITÄT UND DIE GEMEINDE

Wenn man darüber nachdenkt, ist Gemeinde eine erstaunliche Sache. Natürlich gibt es dort reichlich Unvollkommenheiten und Begrenzungen, auf die wir uns konzentrieren könnten. Und wenn wir uns mit dem Thema Homosexualität beschäftigen, mögen diese für manche besonders auf der Hand liegen. Die Kirche ist nicht immer eine Stimme oder ein Ort der Liebe und Gnade gewesen.

Es macht mich traurig, wenn Freunde erzählen, wie sie sich von anderen Christen zutiefst abgelehnt gefühlt haben. Viele Gemeinden haben hier zweifellos noch viel zu lernen und zu bekennen.

Doch trotz aller ihrer Makel ist die Kirche bemerkenswert. Hören wir darauf, wie Paulus Gottes Absicht mit der Gemeinde beschreibt:

... Damit jetzt den Fürstentümern und Gewalten in den himmlischen Regionen *durch die Gemeinde* die mannigfaltige Weisheit Gottes bekannt gemacht werde.

(Epheser 3,10)

Die Kirche auf Erden ist Gottes sichtbares Werkzeug, um der geistlichen Welt zu zeigen, wie er ist. Indem er auf seine Gemeinde hinweist, will Gott jeder geistlichen Macht zeigen, dass er weiser als alle ist. Aber auch für uns ist die Gemeinde eine Quelle großer Stärkung. Unterschätzen wir nie die Auswirkungen, die unsere christlichen Gemeinschaften auf unser Umfeld haben können! Jede Gemeinde hat die wunderbare Chance, die Welt um sie herum auf den Charakter und die Weisheit Gottes zu verweisen. Dies gilt auch, wenn es um den Bereich der Homosexualität geht.

Wie gehen wir damit um, wenn ein schwules Paar in unsere Gemeinde kommt?

Es ist ein großer Segen und eine tolle Chance, wenn Menschen zum ersten Mal in einen Gottesdienst gehen. Wenn sie nicht schon gläubig sind und aus einer anderen Stadt oder Gemeinde kommen, entsteht die wunderbare Gelegenheit für die Gemeinde, diesen Neulingen das Evangelium von Jesus nahezubringen. Es macht keinen Unterschied, ob es ein schwules Paar, ein heterosexuelles Paar oder sonst jemand ist. Jeder ist ein Sünder, und alle brauchen Gottes Gnade.

Manchmal stehen Christen in der Gefahr, zu meinen, dass ein schwules Paar sofort auf seine Sexualität angesprochen werden müsse, sobald es nur den Fuß in die Tür einer Gemeinde setzt. Als ob ihnen als Allererstes erklärt werden müsse, was die Bibel zu diesem ganzen Thema sagt. Aber das stimmt einfach nicht.

Vielleicht kann ein Vergleich helfen: Wenn ein heterosexuelles Paar kommt und sich im Gespräch herausstellt, dass es unverheiratet zusammenlebt, würde ich auch nicht denken, dass ich umgehend eine Diskussion darüber vom Zaun brechen muss, was die Bibel darüber sagt. Ich würde es im Hinterkopf behalten, dass ich mit ihnen zu gegebener Zeit darüber sprechen möchte, aber es muss nicht alles gleich durchdiskutiert werden, bevor sie anfangen, regelmäßig am Leben der Gemeinde teilzunehmen. Wenn sie es selbst ansprechen, gehe ich natürlich darauf ein. Aber mein erstes Anliegen ist, dass sie sich willkommen fühlen und wissen, dass wir uns über ihre Anwesenheit freuen, und dass sie durch das, was in der Gemeinde regelmäßig geschieht, mit dem Evangelium in Berührung kommen.

Anders ausgedrückt: Ich würde eher mit der Mitte beginnen, um mich dann nach außen vorzuarbeiten, als am Rand anzusetzen, um mich dann zur Mitte vorzuarbeiten. Die Mitte ist der Tod und die Auferstehung Christi. Hier offenbart sich Gott am umfassendsten. Hier sehen wir seine Herrlichkeit am klarsten (Joh 17,1). Hier zeigt Gott auch am klarsten seine Liebe, Gerechtigkeit, Macht und Weisheit (Röm 5,8; 3,25-26; 1Kor 1,18-24). Das sollen die Leute vor allem erfahren – damit es sie überwältigt, was Gott in Kreuz und Auferstehung getan hat. Wenn sie davon erst einmal ergriffen sind, will ich mit ihnen darüber sprechen, was es heißt, diesem Gott zu vertrauen – und was ihm überlassen werden muss, auch unsere verworrene Sexualität.

Aber ich will, dass dieses Gespräch im Rahmen des Evangeliums stattfindet, anstatt mit ihrer Sexualität anzufangen und dann zu versuchen, von dort aus auf das Evangelium zu kommen. Sie müssen wissen, wer Jesus ist, bevor man sie damit konfrontiert, was er von uns will. Es hat wenig Sinn, jemandem zu erklären, wie man im Licht der Gnade Gottes lebt, wenn jemand diese Gnade noch gar nicht kennt. Wenn also ein schwules Paar in die Gemeinde kommt, ist mein oberstes Anliegen das gleiche wie bei allen anderen Menschen: Dass sie die gute Botschaft von Jesus hören und sich in einer christlichen Gemeinschaft willkommen fühlen.

Was kann die Gemeinde tun, um Christen zu unterstützen, die mit dieser Herausforderung leben?

Es gibt eine ganze Reihe von Dingen, die Gemeinden tun können, um Christen mit homosexuellen Empfindungen zu helfen:

a) Eine offene Gesprächskultur fördern

Pastoren wie Gemeindemitglieder sollten wissen, dass Homosexualität nicht nur ein politisches Thema ist, sondern auch ein persönliches. Es betrifft vermutlich auch einige in ihrer eigenen Gemeinde, die darunter leiden. Wenn das Thema in der Gemeinde aufkommt, sollte man anerkennen, dass damit auch Christen, und die Gemeinde sollte bereit und gerüstet sein, solche Brüder und Schwestern auf ihrem Weg zu begleiten.

Viele Christen sprechen immer noch verletzend und abschätzig über Homosexualität. Ich habe aufgehört zu zählen, wie oft Christen (auch geistliche Leiter) „schwul" als Schimpfwort benutzen. Solche Kommentare führen nur dazu, dass andere Christen, die mit dem Thema ringen, sich an der Stelle überhaupt nicht öffnen können. Als ich anfing, mit Freunden in der Gemeinde über meine eigenen Erfahrungen zu sprechen, traf es mich, wie viele reife Christen sich bei mir für Kommentare entschuldigten, die sie früher über Homosexualität gemacht hatten. Nun wurde ihnen bewusst, wie verletzend das gewirkt haben musste.

Eine entscheidende Hilfe, um über homosexuelle Empfindungen sprechen zu können, ist eine Kultur der Offenheit, in der man generell über Kämpfe und Schwachheiten im eigenen Christenleben sprechen kann. Der Pastor und Autor Timothy Keller hat gesagt, dass man sich in einer Gemeinde mehr wie im Wartezimmer beim Arzt fühlen sollte als im Warteraum vor einem Bewerbungsgespräch. Im Letzteren versuchen wir alle, so kompetent und beeindruckend wie möglich zu wirken. Schwachheiten werden verschleiert und versteckt. In einem Wartezimmer beim Arzt dagegen rechnen wir damit, dass jeder krank ist und Hilfe braucht. Und das kommt der Wirklichkeit der Gemeinde bedeutend näher.

Christen sind schon per Definition schwach. Wir sind von Gottes Gnade und Güte abhängig. Wir sind die „Armen im Geist" (Mt 5,3). Es zeichnet eine gesunde Gemeinde aus, dass wir über diese Dinge sprechen können. Deshalb sollten wir alles tun, was wir können, um eine Kultur zu fördern, in der offen über das gesprochen wird, was im Leben als Christ schwierig ist.

Aber Vorsicht: Wenn wir es den Menschen leicht machen, über ihre sexuellen Nöte zu sprechen, dürfen wir nicht den Fehler machen, *ständig* mit ihnen darüber zu sprechen. Sie sollten vielleicht von Zeit zu Zeit darauf angesprochen werden, wie es ihnen mit diesem Bereich geht. Aber sich auf dieses Thema zu konzentrieren, kann problematisch sein, denn es verstärkt möglicherweise den Irrtum, dass dies der wesentliche Zug ihrer Identität sei. Es kann andere Themen überdecken, die vielleicht mehr Aufmerksamkeit benötigen würden. Sexualität ist nicht immer der größte Kampf.

b) Singlesein würdigen

Menschen, für die eine Ehe nicht realistisch ist, brauchen Bestärkung in ihrer Berufung zum Singlesein. Unsere Gemeinschaften müssen Singlesein als ein Geschenk hochhalten und würdigen und darauf achten, dass sie es nicht unbewusst abwerten. Singles sollte man nicht als lose Fäden sehen, die verbunden werden müssen. Wir sollten auch nicht denken, dass alle Singles deswegen allein sind, weil sie zu bequem waren, sich nach einem Ehepartner umzusehen.

Ich erinnere mich an eine Begegnung mit einem Pastor. Als er mitbekam, dass ich Single bin, bestand er darauf, dass ich längst verheiratet sein müsse, und legte mir dar, welche Schritte ich umgehend zu unternehmen hätte, um dies in Ordnung zu bringen. Er war ziemlich direkt und gab erst nach, als ich in Tränen ausbrach und ihm sagte, dass ich mit Homosexualität kämpfe. Eigentlich hätte dieses Eingeständnis nicht nötig sein sollen. Wir müssen respektieren, dass Singlesein nicht zwangsläufig ein Zeichen dafür ist, dass jemand vor dem Erwachsenwerden flieht.

c) Gemeinde als Familie leben

Paulus spricht von der Ortsgemeinde wiederholt als „Gottes Hausgemeinschaft " (z. B. 1Tim 3,15; GN). Sie ist die Familie Gottes, und Christen sollen füreinander Familie sein.

So ermutigt Paulus Timotheus, ältere Männer wie einen Vater zu behandeln, „jüngere wie Brüder, ältere Frauen wie Mütter, jüngere wie Schwestern" (1Tim 5,1-2). Die Gemeinde soll sich unmittelbar als Familie sehen. Natürliche Familien in der Gemeinde brauchen den Input der größeren Gemeindefamilie und die Verbindung mit ihr; sie sind nicht dazu gedacht, sich selbst zu genügen. Menschen, die ihr Familienleben für andere öffnen, erleben dies als großen Segen, von dem alle profitieren.

Singles können manche Freuden des Familienlebens miterleben; Kinder profitieren vom Einfluss anderer erwachsener Christen; Eltern bekommen die Unterstützung anderer; und Familien als Ganzes lernen etwas darüber, was es heißt, Jesus zu dienen, indem man sich als Familie nach außen öffnet.

d) Mannsein und Frausein: biblische Vorbilder statt kultureller Stereotype

Der Kampf mit gleichgeschlechtlicher Anziehung kann manchmal mit dem Gefühl verbunden sein, nicht dem entsprechen zu können, wie ein Mann oder eine Frau zu sein hat. Wenn die Gemeinde oberflächliche kulturelle Stereotype bestätigt, kann dies das Gefühl der Isolation und des Unvermögens verstärken. Wenn man beispielsweise davon ausgeht, dass Männer Sport machen oder ihr Auto reparieren, während Frauen gerne basteln und „über alles reden", hat das mehr mit Kultur zu tun als mit biblischen Gedanken darüber, wie Gott uns gemacht hat. Das kann dann dazu führen, dass man viele Facetten übersieht, in denen sich biblische Aspekte von Mannsein und Frausein widerspiegeln.

e) Gute Seelsorge anbieten

Seelsorge an Menschen mit homoerotischen Gefühlen muss nicht institutionalisiert sein, aber *sie muss erkennbar sein.* Viele Gemeinden haben inzwischen entsprechende Unterstützergruppen für ihre Mitglieder; andere bieten Mentoring oder Gebetspartnerschaften an.

Homosexuell empfindende Menschen müssen wissen, dass die Gemeinde bereit ist, sie zu unterstützen, und dass Menschen da sind, die dafür ein besonderes Herz und tieferen Einblick haben. Vielleicht gibt es Themen, die durchzusprechen sind, und Bibeltexte, die man gemeinsam lesen kann, um dann mit Umsicht und freundlicher Klarheit gemeinsam zu überlegen, wie sich dies persönlich umsetzen lässt. Vielleicht können gute Freundschaften gefördert werden, in denen auch Rechenschaft stattfinden kann. Dauerhafte Gemeinschaft ist hier gefragt. Für alle diese Dinge ist die Ortsgemeinde besonders gut geeignet.

Es ist ein paar Jahre her, seit ich angefangen habe, engen christlichen Freunden von meinen homosexuellen Gefühlen zu erzählen. Es war ein längerer Prozess, der in einiger Hinsicht emotional ziemlich anstrengend war. Aber es war mit das Beste, was ich je getan habe. Jemandem etwas so Persönliches zu erzählen ist ein großer Vertrauensbeweis, der tatsächlich in jedem Fall die Freundschaft gestärkt und vertieft hat. Enge Freunde wurden zu noch engeren Freunden. Ich habe auch festgestellt, dass es dadurch für Menschen leichter wurde, sich selbst mehr zu öffnen und persönlicher zu werden, nachdem ich mich geöffnet hatte. Daraus haben sich wunderbare Zeiten der Kameradschaft ergeben.

Vor einigen Jahren habe ich auch zum ersten Mal öffentlich in meiner Gemeinde über meine

Sexualität gesprochen. Auch das war ein großer Segen. Es gab sehr viel Unterstützung; Menschen fragten, wie sie helfen können, und viele sagten, dass sie jeden Tag für mich beten. Andere sagten, dass es ihnen viel bedeutet, dass ich ihnen so etwas erzählt habe. Es war für mich auch ermutigend zu sehen, dass dies anscheinend nicht dazu geführt hat, dass mich andere nun dadurch definieren. Abgesehen davon, dass Liebe und Unterstützung zum Ausdruck kamen, waren wir recht bald wieder bei der Tagesordnung.

Manche Christen (wie viele in meiner eigenen Gemeinde) scheinen instinktiv zu wissen, wie sie mit befreundeten Christen umgehen sollen, die mit homosexuellen Gefühlen ringen. Doch das gilt leider nicht zwangsläufig genauso dafür, wie wir mit Menschen außerhalb der Gemeinde umgehen, die sich als schwul outen.

Wie geht man mit diesen öffentlichen Aspekten um? Wie können Christen in dieser Sache Salz und Licht für die Gesellschaft sein? Darum soll es im nächsten Kapitel gehen.

Können sich Christen nicht einfach darauf einigen, dass sie hier unterschiedlich denken?

Manche Christen und sogar Leiter in Gemeinden stehen heute auf dem Standpunkt, dass manche Formen von homosexuellen Beziehungen vor Gott in Ordnung seien. Viele andere (wie für mich) argumentieren dagegen, dass jegliche homosexuelle Aktivität von Gott verboten ist. In unseren Gemeinden und weiteren Kreisen können wir in manchen Dingen unterschiedlicher Meinung sein und trotzdem im Evangelium verbunden bleiben. *Ist Homosexualität nicht ein Thema, zu dem Christen berechtigterweise unterschiedliche Positionen vertreten können?*

Die Bibel räumt bestimmten Meinungsverschiedenheiten einen Platz ein. In Römer 14 spricht Paulus von strittigen Themen und ruft seine Leser dazu auf, ihrer eigenen Meinung gewiss zu sein (14,5). Aber andere Themen sind für ihn nicht verhandelbar, wenn nämlich das Evangelium auf dem Spiel steht. In 1. Korinther 15 erinnert er seine Leser daran, was er ihnen „zuallererst" verkündet hat und was im Herzen ihres Glaubens an das Evangelium steht (1Kor

15,1-11). In welche Kategorie gehört Homosexualität? Betrifft sie das Evangelium?

Zwei Abschnitte zeigen, dass Homosexualität in die Kategorie der Evangeliumsthemen gehört. Wie wir schon gesehen haben, erwähnt Paulus sie im Zusammenhang mit der Warnung an seine Leser, dass die Ungerechten nicht in Gottes Reich kommen werden (1Kor 6,9). In diese Kategorie schließt er Menschen mit ein, die Homosexualität praktizieren. Wie alle Ungerechten sind sie auf dem Weg ins Verderben. Ihre einzige Hoffnung ist das Evangelium, das auch ihnen eine neue Identität bringt und zur Umkehr von ihrem früheren Lebensstil führt. Diese Wahrheit zu leugnen bringt enorme Folgen mit sich. Ein geistlicher Leiter, der verkündet, dass manche Formen von Homosexualität in Ordnung seien, schickt die Menschen letztlich in ihr Verderben. Es ist nicht die gleiche Dimension von Meinungsverschiedenheit, die Christen etwa bei der Tauffrage oder bezüglich bestimmter Geistesgaben haben. Im Fall von homosexueller Praxis steht das Evangelium selbst stark auf dem Spiel.

In Offenbarung 2,20-21 kritisiert Jesus die Gemeinde in Thyatira dafür, dass sie Irrlehrer duldet:

„Ich habe ein weniges gegen dich, dass du es zulässt, dass die Frau Isebel, die sich eine Prophetin nennt, meine Knechte lehrt und verführt, Unzucht zu treiben und Götzenopfer zu essen. Und ich gab ihr Zeit, Buße zu tun von ihrer Unzucht, und sie hat nicht Buße getan."

Diese Person führt mit ihren Lehren andere in sexuelle Sünde. Jesus kündigt Gericht über sie und jeden ihrer Anhänger an, der nicht umkehrt (vgl. V. 22). Aber die Verantwortung liegt nicht einfach nur bei ihnen. Die Gemeinde – einschließlich der vielen, die der Frau nicht folgen – wird getadelt, weil sie nicht einschreitet. Wir sollen also in unseren Gemeinden keine Menschen tolerieren, deren Lehren Menschen in sexuelle Sünde führen. Man soll ihnen entgegentreten, ihr Wirken unterbinden und ihre Lehren widerlegen. Hier geht es ums Evangelium. Wenn wir zulassen, dass dies eine Frage der persönlichen Meinung wird, über die wir in unseren Gemeinschaften unterschiedlich denken können, wird Jesus uns das vorhalten. Manche Formen von Toleranz sind Sünde.

Ist die christliche Sicht von Sexualität nicht gefährlich und schädlich?

Einer der häufigsten und bedeutendsten Vorwürfe gegen das traditionelle christliche Verständnis von Sexualität und Ehe lautet, dass es Menschen zutiefst schade. Jemandem die Ausübung seiner Sexualität zu verweigern wird als Ablehnung seiner Person angesehen. Er solle etwas unterdrücken, was wesentlich für seine Identität und damit für seine Selbstentfaltung sei. Dies sei schädlich für jeden, besonders aber für Teenager, die sich noch in ihrer Entwicklung befinden und dabei sind, mit ihrer Sexualität klarzukommen. Christen seien schuld, wenn schwule Teenager mit Komplexen und Schuldgefühlen aufwachsen oder sich umbringen.

Dieser Vorwurf findet sich besonders heftig bei Dan Savage:

„Der entmenschlichende religiöse Eifer, den gläubige Christen an den Tag legen, gibt ihren Kindern die Erlaubnis, schwule Mitschüler verbal zu beleidigen, zu demütigen und zu verurteilen. Diese treiben schwule Kinder in suizidale Verzweiflung. Und Sie haben die

Nerven, mich zu bitten, vorsichtiger in meiner Wortwahl zu sein!"[13]

Es versteht sich von selbst, dass dies ein unglaublich schwerwiegender Vorwurf ist. Er ist so besorgniserregend, dass viele Christen anfangen zu denken, dass die traditionelle Sicht falsch sein müsse, wenn sie eine solche Wirkung auf Menschen hat. Wenn etwas zu solch einer Form von Selbsthass und Verzweiflung führt, kann es nicht die Frucht von Gottes Wahrheit sein.

Dazu muss als Erstes gesagt werden, dass es in den vergangenen Jahren tatsächlich Beispiele von Jugendlichen gab, die verzweifelt waren und sogar Selbstmord begingen und die für ihre Not den echten oder empfundenen Druck von Christen verantwortlich machten, die ihre Homosexualität ablehnen. Das ist die Realität. Junge Menschen in und außerhalb der Gemeinde leiden tief darunter.

Und wer könnte leugnen, wie unsäglich traurig es ist, dass Menschen derart verzweifelt über ihre Sexualität sind! Gerade wir

---

13 Zitiert bei Justin Lee, *Torn: Rescuing The Gospel From The Gays-vs.-Christians Debate,* Jericho Books, 2013, S. 5.

Christen sollten zutiefst traurig darüber sein, weil wir doch den hohen Wert kennen, den Gott jedem Menschenleben zumisst. Es sollte uns vor allen anderen bekümmern, wenn wir von jungen Menschen hören, die solche Qualen durchmachen – besonders wenn sie in christlichen Familien aufgewachsen sind und in eine Gemeinde gehen.

Außerdem müssen wir anerkennen, dass einige gläubige Menschen in ihrem Verhalten und ihrer Wortwahl zweifellos ausfallend gegenüber Schwulen geworden sind und meinten, damit die Sache Christi irgendwie voranzubringen. Aber wir sollten ebenso anerkennen, dass solch ein Verhalten in keiner Weise christlich ist. Es wurzelt nicht darin, dass sich jemand an die Botschaft und das Vorbild Jesu hält, sondern es steht im Widerspruch dazu.

Aber es stimmt nicht, dass solch eine persönliche Qual die unvermeidliche Folge der traditionellen biblischen Lehre zu diesem Thema ist. Es ist wahr, dass das überführende Wirken des Geistes tatsächlich sehr schmerzhaft sein kann. Selbst eine Art Selbstverachtung kann entstehen, wenn Gott uns das Ausmaß unserer Sünde bewusst macht (vgl. Hes

36,31). Doch wenn uns das echte Wirken des Geistes an solch einen Punkt führen sollte, wird es uns niemals dort belassen. Wenn wir überführt werden, dann deshalb, um wieder in Ordnung zu kommen. Der Geist zerbricht uns nur, um uns wieder so aufzubauen, wie Gott uns gedacht hat. Jesus hat versprochen, dass wir bei ihm Ruhe und Trost finden und dass er ein geknicktes Rohr nicht zerbrechen wird (Mt 11,28-29; 12,20).

Es ist nicht die Lehre Jesu, die Ihnen sagt, dass das Leben keinen Sinn hat, wenn Sie keine sexuelle Erfüllung finden – dass Leben ohne Sex gar kein Leben ist. Es ist nicht das biblische Christentum, das darauf beharrt, die sexuelle Orientierung sei so wesentlich für einen Menschen, dass die mangelnde Bestätigung seiner besonderen Neigungen einen Angriff auf die ganze Person bedeute. Dies alles kommt nicht vom biblischen Christentum, sondern aus der hochgradig verdrehten Sicht der westlichen Kultur auf das Menschsein. Wenn ein Götze Sie enttäuscht hat, dann ist der wahre Schuldige derjenige, der Sie dazu gedrängt hat, ihn anzubeten – nicht derjenige, der Sie davon befreien wollte.

Die Lehre Jesu bewirkt zwei Dinge: Sie begrenzt Sex und sie relativiert seine Bedeutung. Jesus zeigt uns, dass Sex in seinem gottgegebenen Rahmen noch viel wertvoller ist, als wir dachten – und trotzdem nicht das Allerhöchste ist. Sex ist ein mächtiges Verlangen, aber nicht grundlegend für die Ganzheit und Entfaltung des Menschen. Jesus hat dies in seiner Lehre und auch durch sein Leben gezeigt. Schließlich hat Jesus – der vollkommenste aller Menschen – selbst enthaltsam gelebt.

Das Evangelium zeigt uns, dass es Vergebung für jede Sünde im Bereich der Sexualität gibt. Und das Evangelium befreit uns von dem Denken, dass Sex unabdingbar für ein erfülltes Leben ist. Der Ruf des Evangeliums, dass niemand sein ganzes Glück von seiner sexuellen Erfüllung abhängig machen muss, ist keine schlechte Botschaft, sondern eine gute Nachricht. Er ist nicht der Weg ins Unglück, sondern zu Ganzheit.

KAPITEL 5

HOMOSEXUALITÄT UND DIE WELT

Die christliche Botschaft ist das Beste, was einem je zu Ohren kommen kann. Sie handelt von einem Gott, der mehr Liebe und Vergebung hat, als wir uns je vorstellen können. Diese Botschaft möchten wir Christen mit anderen teilen. Aber sie ist nicht immer einfach zu vermitteln.

Die Botschaft des Evangeliums hat einige scharfe Kanten, die viele schwierig finden. Heutzutage scheint eine der allerschärfsten Kanten das zu sein, was die Bibel über Sexualität sagt. Das hat manche Christen dazu bewogen, ihre Meinung dazu zu ändern, um anpassungsfähiger und „relevanter" für die Außenwelt zu sein.

Und auch wenn wir das für keine gottgefällige Reaktion halten mögen, sind viele Christen dennoch verunsichert, was man dazu sagen und wie man mit diesem Thema umgehen soll. Wir meinen immer noch, dass das Evangelium jedem gilt und dass Gottes Wege die besten sind. Doch wie können wir der Welt, in der wir leben, das christliche Denken in dieser Frage nahebringen?

Mein nichtchristlicher Kumpel hat mir gerade erzählt, dass er schwul ist. Wie soll ich reagieren?

Jemandem zu erzählen, dass man schwul ist, ist für die meisten eine große Sache, umso mehr, wenn die Person, der man es erzählt, Christ ist. Viele Menschen gehen davon aus, dass Christen gegen Schwulsein sind, und es ist nur ein kleiner Schritt dahin, zu meinen, dass sie etwas gegen die schwulen Menschen selbst haben.

Deshalb sollte man solchen Menschen als Erstes dafür *danken,* dass sie so offen waren und einem etwas so Persönliches anvertraut haben. Es ist ein Privileg, wenn man so etwas erzählt bekommt.

Außerdem ist wichtig, ihnen zu *versichern,* dass ihre Angst vor Ablehnung in diesem Fall unbegründet ist. Dass sie schwul sind und man dies nun weiß, sollte nicht heißen, dass man sie nicht mehr mag oder ihnen die Freundschaft kündigt. Um ganz aufrichtig zu sein (vor allem, wenn man nach seiner

Meinung gefragt wird), kann man darauf hinweisen, dass Christen über Sexualität anders denken als die Gesellschaft insgesamt und dass man gerne einmal mit ihnen darüber sprechen würde. Aber jetzt wäre dies vermutlich der falsche Zeitpunkt.

Als Nächstes ist es wichtig *zuzuhören*. Es ist gut, die Menschen ein bisschen nach ihren Erfahrungen mit ihrer Homosexualität zu fragen. Wie ist ihnen dies bewusst geworden? Wie haben andere reagiert – Freunde und Familie? War es schwer für sie? Wie geht es ihnen damit? Wir müssen ihre Geschichte mit ihren Höhen und Tiefen kennenlernen.

Wenn wir mehr über ihren Hintergrund und ihre Erfahrungen wissen, können wir besser herausfinden, wie wir ihnen ein guter Freund sein können. Vielleicht brauchen sie manchmal ein offenes Ohr oder eine Schulter zum Ausheulen oder einen Freund, mit dem sie vertraulich sprechen können. Wäre es nicht großartig, wenn sie ausgerechnet bei ihrem christlichen Freund das Gefühl hätten, dass sie damit auf ihn zukommen können? Von ihrer Sexualität zu erfahren kann eine Chance sein, dass die Freundschaft sich vertieft, anstatt auseinanderzugehen. Wenn man sich wirklich für sie interessiert, wird dies am ehesten ein Fragen danach aufwerfen, wie wir als Gläubige darüber denken.

Wenn wir ihnen zuhören, werden wir auch wissen, wie wir für sie *beten* können. Egal, wie es ihnen geht, was sie am allermeisten brauchen, ist Christus selbst – wie jeder von uns. Und wenn wir beten, dass Gott ihnen seine Güte offenbart, können wir auch für uns beten, dass unsere Freundschaft ein glaubwürdiger Ausdruck dieser Güte ist.

Wie kann man einem schwulen Freund am besten von Jesus erzählen?

Schwule Freunde werden Erwartungen mitbringen, wie Christen auf sie reagieren. Deshalb müssen wir alles daransetzen, sie wissen zu lassen, dass wir *für sie* sind und nicht *gegen sie.* Das heißt auf jeden Fall, dass wir uns die Zeit nehmen, sie gut kennenzulernen und uns ihre Geschichte aufmerksam anzuhören. Wir müssen sie mehr lieben, als ihre schwulen Freunde es tun, und wir müssen *sie* mehr lieben, als sie ihre Homosexualität lieben (wie der christliche Leiter Al Mohler gesagt hat). Erst dann können wir davon sprechen, dass Gott sie noch viel mehr liebt.

Irgendwann werden sie wissen wollen, wie wir als Christen mit Homosexualität umgehen. Wir müssen gut darüber nachdenken, wie wir dies so erklären können, dass andere es verstehen und anerkennen können und man nicht einfach auf Abwehr stößt.

Genauso wichtig ist es, neben den Aussagen der Bibel auch die Begründung dahinter zu erklären. So werden wir darüber sprechen müssen, warum Gott homosexuelles Verhalten nicht segnen kann – und sogar verbietet. Aber wir werden ebenso zeigen wollen, warum Gott das Recht dazu hat, uns etwas über unseren Umgang mit unserem Körper vorzuschreiben, und wie wir dazu kommen, darin etwas Gutes zu sehen.

Wir werden erklären müssen, dass Umkehr für jemanden, der seine Homosexualität auslebt, die Abkehr von seinem schwulen Lebensstil bedeutet, aber wir werden auch klarmachen wollen, dass jeder andere, der zu Christus kommt, genauso „sich selbst sterben muss", um in ihm ein neues Leben zu beginnen.

Wir werden erklären wollen, dass die einzige Alternative für jemanden, für den die Ehe keine Option ist, in enthaltsamem Singlesein liegt, aber wir werden auch hochhalten müssen, dass jeder in Gottes Gemeinde (Verheiratete wie Singles) dem einen Bräutigam versprochen ist – Christus (2Kor 11,2); dass jeder, der sich mit Christus verbindet, mit ihm eins im Geist ist (1Kor 6,17), und dass dies für alle Glaubenden gilt. Die Einheit mit Christus ist das, worauf beide irdische Lebensstände (Ehe und Singlesein) verweisen. Das Ziel der irdischen Ehe ist nicht, uns zu erfüllen, sondern uns auf die

Beziehung zu verweisen, die erfüllen kann. Das Ziel des Singleseins ist nicht, dass wir uns selbst genug sind, sondern uns an den zu verweisen, der uns genug ist. Unsere schwulen Freunde sollen wissen, dass einen Homosexuellen die Nachfolge Christi genauso viel kostet wie jeden anderen, aber auch genauso herrlich ist.

Wie können wir vor der Welt gute Zeugen sein?

In der westlichen Kultur wird Homosexualität immer mehr anerkannt. Da kann es sich für Christen zunehmend so anfühlen, als ob wir es nicht schaffen, anderen eine christliche Sicht von Sexualität nahezubringen. Aber wir dürfen nicht den Mut verlieren.

Die Bibel versichert uns, dass Jesus seine Gemeinde baut und dass sein Reich für immer wachsen wird (Mt 16,18; Jes 9,6). Dies ist keine Zeit für Pessimismus, und je weiter sich die Gesellschaft von ihren christlichen Wurzeln entfernt, desto mehr bekommt die Gemeinde die Gelegenheit, ein Vorbild für eine Alternativkultur abzugeben.

Schlüssel für unser Zeugnis und unsere Glaubwürdigkeit in diesem (oder jedem anderen) Themenbereich sind die *Qualität unseres Gemeinschaftslebens* und die *Klarheit unserer Botschaft.*

Wir brauchen inhaltliche Klarheit über das Evangelium. Klarheit, dass es für jeden ist; dass niemand zu fern ist, um in den Genuss zu kommen, oder zu vollkommen ist, um es zu brauchen. Wir müssen uns im Klaren darüber sein, dass wir alle sündigen, auch im Bereich der Sexualität. Niemand geht dieses Thema aus einer überlegenen Position an.

Zur Klarheit über die Botschaft muss die Vertrauenswürdigkeit in Beziehungen kommen. Das Neue Testament verbindet die Wirkung unseres Zeugnisses öfters mit der Echtheit unserer Liebe zueinander. Jesus hat einmal gesagt:

> Daran wird jedermann erkennen, dass ihr meine Jünger seid, wenn ihr Liebe untereinander habt.
>
> *(Johannes 13,35)*

Paulus beschreibt die Gemeinde als ...

> ... Haus Gottes, welches die Gemeinde des lebendigen Gottes ist, der Pfeiler und die Grundfeste der Wahrheit.
>
> *(1. Timotheus 3,15)*

Die Gemeinde ist der „Pfeiler der Wahrheit", weil sie die Tür ist, durch die Gottes Wahrheit in diese Welt gelangt. Sie ist der Weg, auf dem Gott allen

Menschen seine Wahrheit bringt. Aber sie ist auch seine Familie – sein „Haus" (oder „Haushalt"). Wenn die Kirche ein wirksamer Pfeiler sein will, muss sie eine gute Familie sein. Wenn Christen vor Ort zusammenkommen, soll das Evangelium im Miteinander spürbar und sichtbar werden. Wenn die Gemeinde wirklich Gemeinde in ihrer ganzen biblischen Fülle ist, wird sie für die Gesellschaft die beste Empfehlung für Gottes Wege sein können. Das Gebot Jesu, einander zu lieben, war kein Nachtrag oder Nebengedanke. Es spielt die Schlüsselrolle in seiner Strategie, eine Welt zu gewinnen, die uns beobachtet.

Jesus hat versprochen, dass diejenigen, die für ihn etwas zurücklassen und aufgeben, es hundertfach erstattet bekommen:

Jesus aber antwortete und sprach: Wahrlich, ich sage euch: Es ist niemand, der Haus oder Brüder oder Schwestern oder Vater oder Mutter oder Frau oder Kinder oder Äcker verlassen hat um meinetwillen und um des Evangeliums willen, der nicht hundertfältig empfängt, jetzt in dieser Zeit Häuser und Brüder und Schwestern und Mütter und Kinder und Äcker unter Verfolgungen, und in der zukünftigen Weltzeit ewiges Leben.

(Markus 10,29-30)

Das Evangelium kann uns Beziehungen kosten. Aber es schenkt auch großzügig Beziehungen. Was wir zurücklassen, ist nicht zu vergleichen mit dem, was wir von Jesus zurückerhalten. Jesus spricht hier von Familie. Nahen Angehörigen. Er verspricht keine entfernten Cousins und Großonkel, sondern Geschwister, Mütter und Väter. Alles, was wir haben, sollen wir miteinander teilen: Zeit, Ressourcen, Zuneigung. Uns. Daran wird sich erweisen, und zwar in diesem Leben, dass Jesus es immer wert ist. Die Qualität unseres Miteinanders als Gemeinde wird genauso wie unsere Fähigkeit, öffentlich klare Standpunkte zu beziehen, einer zuschauenden Welt am besten sichtbar machen, dass die christliche Haltung zur Sexualität am überzeugendsten ist.

Jesu Worte geben uns allen etwas zu tun. Wir haben vielleicht keine besonders tollen Prominenten oder attraktiven Pressesprecher, nicht die beeindruckendsten Ressourcen oder die anerkanntesten Redner, aber wir sollten die besten und schönsten Beziehungen haben.

Soll ich als Christ an Homo-Hochzeiten teilnehmen?

In der westlichen Welt wird die Homo-Ehe zunehmend legalisiert und gefördert. Daher werden sich Christen immer häufiger in der Situation wiederfinden, dass sie zu einer schwulen Hochzeit eingeladen werden. *Sollen wir hingehen oder nicht?*

Wenn wir wie Christus ein „Freund der Sünder" sein sollen, dann sollte es unser Ziel sein, die Sorte Freund zu sein, den jemand gerne auf seine Hochzeit einladen möchte. Deshalb ist es etwas Gutes, wenn wir vor dem Problem stehen, wie wir mit solch einer Einladung umgehen sollen.

Unsere Beziehungen zu solchen Freunden haben zwei sehr wichtige Aspekte, für die wir tun müssen, was wir können, um sie zu bewahren: unser *Zeugnis* und unsere *Freundschaft*.

Als Christen wollen wir nicht den Eindruck erwecken, dass wir etwas unterstützen, das wir als Sünde vor Gott verstehen. Es könnte leicht der Eindruck entstehen, dass wir die Ehe von Homosexuellen gutheißen und fördern, wenn wir zur Hochzeit gehen. Man kann sich schwer vorstellen, wie Gläubige daran teilnehmen können, ohne diese Art von Botschaft auszusenden. Ich kenne einige, die einfach dabei waren, um als Christen in einem nichtchristlichen Umfeld präsent zu sein, und die fanden, dass sie ihre Meinung zur Homo-Ehe bereits zuvor genügend zum Ausdruck gebracht hatten, sodass ihre Teilnahme nicht missverstanden werden konnte. Aber für viele andere Christen wird es nicht möglich sein, guten Gewissens teilzunehmen.

Aber unsere öffentliche Haltung zur Homo-Ehe ist nicht der einzige wichtige Faktor, der hier zu beachten ist. Wir wollen uns auch dafür einsetzen, dass unsere Beziehungen zu schwulen Freunden erhalten und vertieft werden, damit wir ihnen weiterhin von der Liebe Gottes erzählen können. Darum müssen wir bedacht darauf sein, welches Zeugnis wir zu diesem Thema abgeben, aber ebenso darauf achten, dass sie wissen, wie sehr wir ihre Freundschaft schätzen.

Während die Annahme der Einladung das Risiko beinhaltet, damit die Homo-Ehe zu unterstützen, birgt die Absage das Risiko in sich, damit die Freundschaft abzuwerten. Wenn wir also eine Einladung ablehnen müssen, dann müssen wir gleichzeitig klarstellen, dass uns an der Freundschaft gelegen ist. Das kann z. B. eine Gegeneinladung sein; auch wenn wir nicht an der Hochzeit teilnehmen, sollten wir sie zu uns nach Hause einladen oder vorschlagen, etwas gemeinsam zu unternehmen.

SCHLUSS

Jesus aber sprach zu ihnen: Ich bin das Brot
des Lebens. Wer zu mir kommt, den wird
nicht hungern, und wer an mich glaubt, den
wird niemals dürsten.

(Johannes 6,35)

Um Brot mache ich mir normalerweise keine
Sorgen. In der Nähe meines Büros gibt es meh-
rere Supermärkte und mehr als ein Dutzend Im-
bissbuden. Brot gibt es überall, und ich kann mich
an keinen Moment in meinem ganzen Leben erinnern, in dem ich welches gebraucht und nirgends
bekommen hätte.

In vielen Teilen der Welt ist das heute anders,
und so war es auch zu Jesu Zeiten. Brot war *das*
Hauptnahrungsmittel. Das heißt nicht, dass die

Leute fantasielos waren und einfach jeden Tag zum Brot griffen. Es bedeutet, dass Brot das war, wovon sie hauptsächlich lebten. Ohne Brot verhungerten die Leute. Es war nicht einfach ein fades Grundnahrungsmittel, sondern lebensnotwendig. *Kein Brot* hieß *kein Leben*.

Wenn wir das verstehen, können wir ein wenig davon erfassen, was Jesus damit sagt: „Ich bin das Brot des Lebens." Er ist keine zusätzliche Beilage, die man zu Oliven, Öl und Essig nimmt, bevor der Hauptgang kommt. Nein, Jesus sagt damit, dass er das Grundnahrungsmittel ist. Er ist das, was wir brauchen, um wirklich zu leben. Brot hält unseren Leib am Leben, aber Jesus ist das, was unsere Seele zum Leben braucht. Ohne ihn sind wir geistliche Leichen.

Dass Jesus das Brot des Lebens ist, war mir als Christ schon seit vielen Jahren bekannt. Ich kann mich nicht daran erinnern, wann ich das erste Mal darüber gestolpert bin oder zum ersten Mal bewusst darüber nachgedacht habe. Solange ich Christ bin, war es mir irgendwie vertraut.

Aber als ich dann viel über gleichgeschlechtliche Anziehung nachgedacht habe, ist mir diese Wahrheit besonders kostbar geworden. Vorher war es für mich einfach eins der Dinge, die Jesus ist: das Licht, der gute Hirte, der Weg zum Vater. Und das Brot des Lebens. Doch in letzter Zeit ist es so richtig bei mir angekommen – nicht so sehr, dass Jesus das *Brot* des Lebens ist, sondern dass *Jesus* das Brot des Lebens ist. Er – und nur er – kann uns satt machen.

Ein Hauptmerkmal meiner eigenen Erfahrung ist die Neigung, mich emotional zu sehr an bestimmte Freunde zu hängen. Über die Jahre ist das einige Male passiert. Es kann alles ganz normal und gut laufen mit solchen Freunden, doch dann, wie aus heiterem Himmel, fühle ich mich plötzlich intensiv zu ihnen hingezogen: Ich habe das starke Bedürfnis, in ihrer Nähe zu sein und ihre Bestätigung und Zuneigung zu spüren. Würde ich nichts dagegen tun, würde es schnell weiterwachsen. Und ehe es mir bewusst wird, ist diese Person beinahe zum Zentrum meines Lebens geworden. Die Bibel nennt das Götzendienst und findet es unerträglich. Götzen verursachen tiefe Sehnsüchte, die nicht erfüllt werden können, und das kann eine Freundschaft furchtbar belasten.

Es ist mir eine große Hilfe geworden, mich auf diese Worte zu besinnen. Ich kann mir selbst in Jesu Autorität zusprechen, dass er und niemand sonst auf der Welt das Brot des Lebens ist. Und er ist es wirklich. Je mehr ich auf dieser Grundlage lebe, desto mehr weiß ich, dass es wahr ist. Ich kann es austesten und weiß, dass er es immer beweisen wird. Das Leben ist so viel besser, wenn er im Zentrum steht, und so viel schlechter, wenn irgendjemand oder irgendetwas anderes es tut.

Das ist letztlich das Versprechen des Evangeliums: Das große Geschenk, das Jesus uns gibt, ist er selbst. Er ist kein Weg zu einem anderen Ziel. Das Brot des Lebens ist nicht etwas anderes, als wäre Jesus nur der, der es austeilt. Jesus selbst ist das Brot. Er ist es, der unseren tiefsten emotionalen und geistlichen Hunger stillt. Er ist der Hauptgewinn – für jeden von uns, egal, was unsere Lebensthemen oder Schwierigkeiten sind. Jeder, der zu ihm kommt, wird die Fülle des Lebens finden.

Jeder ist eingeladen. Und dieses Geschenk ist so kostbar, dass man von Gott nicht ernsthaft sagen kann, dass er „gegen" jemanden ist, dem er dieses wunderbare Geschenk anbietet.

Wie soll ich reagieren, wenn sich jemand mir gegenüber outet?

Viele Christen finden es schwer, offen mit anderen über ihr Ringen mit homosexuellen Empfindungen zu sprechen. Wenn sie noch dabei sind, selbst damit zurechtzukommen, kann die Angst da sein, dass das Reden darüber es irgendwie noch realer macht, als ob das Aussprechen einer Sache mehr Gewicht verleihen würde.

Außerdem ist oft die Sorge da, wie andere Christen reagieren könnten: Werden sich Freunde unwohl fühlen und sich distanzieren, werden geistliche Leiter enttäuscht sein von den Menschen, die so fühlen und versucht werden, oder wird man sich einfach blamieren, wenn man so etwas gesteht? Der Kampf kann sich schon einsam genug anfühlen; die Aussicht, dass andere einen ablehnen, wenn sie Bescheid wissen, lässt manche Christen ihre Kämpfe jahrelang verschweigen.

Damit will ich sagen, dass man als Erstes vielleicht Danke sagen sollte, wenn ein Christ seine persönlichen Probleme mit Sexualität offenlegt. Es wird vermutlich eine große Sache für ihn sein, dass er Ihnen davon erzählt hat. Vermutlich hat er seit Monaten all seinen Mut zusammengenommen, um es anzugehen, nur um dann doch wieder die Nerven zu verlieren und es hinauszuschieben. Dass er es geschafft und endlich darüber gesprochen hat – und das mit Ihnen! –, ist keine Kleinigkeit. Vielleicht sind Sie der erste oder nur einer von einer Handvoll Menschen, die davon erfahren haben. Immer wenn uns jemand etwas zutiefst Persönliches erzählt, ist es ein Zeichen großen Vertrauens. Würdigen Sie das. Bedanken Sie sich.

Lassen Sie ihn oder sie erst einmal tief Luft holen und versichern Sie ihm, dass sich die Welt immer noch dreht, dass Sie immer noch da sind und dass er nicht im Begriff steht, in Flammen aufzugehen.

Hören Sie als Nächstes aufmerksam zu. Erfahrungen mit homoerotischen Gefühlen können sehr unterschiedlich sein. Sensible Punkte, Auslöser für Versuchung oder Verzweiflung und die Themen, die mit diesen Gefühlen von Anziehung einhergehen und sie verstärken, können sich von Mensch zu Mensch enorm unterscheiden.

Wenn die Person gerne darüber reden möchte, dann fragen Sie sie, wie es ihr geht.

Wie lange weiß sie schon darum, wie ist es bis jetzt gewesen, was hat sie dazu bewegt, mit Ihnen darüber zu sprechen? Das mag Zeit in Anspruch nehmen. Aber es wird Ihnen helfen, ein Gefühl dafür zu bekommen, wo sie steht mit dem Thema, wie es sie beeinflusst und wie sie als Christ damit umgeht. Manchmal sind homosexuelle Gefühle nur Symptome für tieferliegende Lebensthemen wie Götzendienst oder Unsicherheit. Manchmal steht eine unglückliche Familie im Hintergrund. Andere Male gibt es keinen ersichtlichen Grund für diese Gefühle.

Durch freundliches Nachfragen und aufmerksames Zuhören kann man herausfinden, welche Art von Weisheit und Rat der andere vielleicht braucht. Christen, die aktiv mit diesen Empfindungen ringen, die vor der Versuchung fliehen und Christus treu nachfolgen und ihn ehren wollen, brauchen Ermutigung, Gebet und Menschen, mit denen sie von Zeit zu Zeit reden können. Andere haben keine klare Sicht davon, was in der Bibel über Sex und Sexualität gesagt wird, und werden ein wenig freundliche Anleitung brauchen. Manche sind tief verzweifelt und meinen, dass sie angesichts solcher Gefühle geistlich hoffnungslos

verloren seien, oder sie werden von Schuldgefühlen über Sünden aus der Vergangenheit
überwältigt. Es kann gut sein, dass sie etwas
Mentoring und die Hilfe eines reifen Christen
oder eines erfahrenen Seelsorgers brauchen.

Christopher Yuan
Heilige Sexualität
*Lust, Sex und Beziehungen
im Licht des Evangeliums
gestalten*

Pb., 288 S., 13,5 x 20,5 cm
Best.-Nr. 271 689
ISBN 978-3-86353-689-3

Heilige Sexualität fordert alle Christen heraus, nicht nur die, die mit dem Thema Homosexualität ringen. Christopher Yuan spricht dieses Thema als Betroffener klar an und macht deutlich, dass unsere Sexualität nicht unsere Identität bestimmen muss: *Ich bin mehr als das, was ich fühle!* Ziel ist die Erkenntnis: *Meine wahre Identität ist allein in Jesus Christus zu finden.* Und auf dem Weg dahin sind wir nicht allein: Es ist eine Herausforderung für die Gemeinde als neue Familie Gottes.

LESEPROBE
„HEILIGE SEXUALITÄT"

„Ich bin schwul" ist eine einfache Aussage mit einer komplexen und vielschichtigen Bedeutung. Wir alle kennen jemanden, der homosexuell ist. Wahrscheinlich lesen Sie dieses Buch, weil Sie ein homosexuelles Kind, einen homosexuellen Verwandten, Kollegen oder Freund haben.

Als Nachfolger Christi kennen Sie Johannes 3,16: „Denn so hat Gott die Welt geliebt ..." Sie wissen, dass dies die Person einschließt, an die Sie gerade denken. Niemand stellt infrage, ob Sie diesen Menschen lieben sollen. Die Frage lautet vielmehr: Wie soll sich diese Liebe äußern?

In vielen Büchern liest man, dass man Menschen mit gleichgeschlechtlichen sexuellen Empfindungen mit viel Mitgefühl begegnen soll. Sie bieten unterschiedliche und manchmal widersprüchliche Ansätze, wie das praktisch geschehen soll. Soll man Homosexuellen helfen, ihre Sexualität anzunehmen, und eine „Reformation" der Kirchen und Gemeinden anstreben, damit gleichgeschlechtliche Ehen anerkannt werden? Hilft man einer Gemeinde, die an diesem Zwiespalt zu zerbrechen droht, indem man Befürworter und Gegner zur Einheit aufruft?

Helfen wir homosexuellen Christen, echte und tiefe geistliche Freundschaften zu entwickeln, während sie für sich die harte Realität eines lebenslangen Zölibats akzeptieren? Helfen wir Menschen, die sich ungewollt zum gleichen Geschlecht hingezogen fühlen, ihr heterosexuelles Potenzial zu entwickeln und jemanden aus dem anderen Geschlecht zu heiraten? Oder könnte es sein, dass das Evangelium uns alle zu etwas beruft, das zwar viel teurer, aber auch viel kostbarer ist, als wir es uns je hätten vorstellen können?

Die verschiedenen Ansätze all dieser Bücher haben einen gemeinsamen Nenner: Liebe. Der Unterschied liegt nicht nur in der Methodik, sondern auch in den abweichenden Definitionen von Liebe. Tatsächlich glauben wohlmeinende Pastoren, die von ihren Kanzeln Feuer und Schwefel gegen Homosexualität predigen, dass sie dies aus Liebe tun. Das ist dann eine sehr irregeführte Liebe und verzerrte Sicht des Evangeliums.

Wie kann man bei so vielen Methoden die richtige finden? Die rechte Art und Weise zu lieben ist kein theoretisches Konstrukt. Für mich ist das Ganze sehr, sehr persönlich.

Meine Geschichte

Im Jahr 1993 eröffnete ich meinen Eltern, dass ich schwul bin. Das führte zu einem großen Bruch in unserer Familie, um es milde auszudrücken. Letzten Endes war diese Situation jedoch der Auslöser dafür, dass jeder von uns, einer nach dem anderen, zum Glauben an den Herrn kam.

Zunächst reagierte meine damals ungläubige Mutter mit großer Ablehnung. Aber nachdem sie Christin wurde, begriff sie, dass ihr nichts anderes übrig blieb, als ihren homosexuellen Sohn so zu lieben, wie Gott sie liebte. Ihr Verhalten entsprach nicht dem stereotypen Bild, das mancher von Christen haben mag.

Als die Katze jedoch aus dem Sack war, hinderte mich nichts mehr daran, „das, was ich war", in jeder Form auszuleben. Diese neue Form der Freiheit führte mich sehr schnell auf einen Pfad der Selbstzerstörung, der von sexueller Freizügigkeit und Drogenmissbrauch gekennzeichnet war. Selbstverständlich schlagen nicht alle Homosexuellen diesen Weg ein, aber bei mir war es so. Es kam so weit, dass ich von der Universität in Louisville flog, wo ich Zahnmedizin studierte. Ich zog nach Atlanta und wurde zum Zulieferer für Drogendealer in über einem Dutzend amerikanischer Bundesstaaten.

Während dieser Zeit wirkte Gott in seiner Gnade im Leben meines Vaters und meiner Mutter, und beide vertrauten Christus als ihrem Retter. Meinen Eltern waren die Ausmaße meiner Rebellion nicht bewusst, aber im Licht ihres neu gefundenen Glaubens begriffen sie, dass meine größte Sünde nicht mein gleichgeschlechtliches Sexualverhalten war – meine größte Sünde war mein Unglaube. Mehr als alles andere brauchte ich diesen Glauben an Jesus, um ihm durch Gottes Geschenk der Gnade zu vertrauen und nachzufolgen.

Meine Mutter fing an, mutig zu beten: „Bitte, Herr, tue, was auch immer nötig ist, um diesen verlorenen Sohn zurückzubringen." Sie betete nicht primär, dass ich nach Chicago zurückkommen oder mein rebellisches Verhalten ablegen würde. Ihr oberstes Anliegen war, dass Gott mich zu sich ziehen und ich als sein Sohn in seine liebevollen Arme fallen würde, angenommen und erkauft durch das Blut Jesu.

Die Antwort auf ihre Gebete war jedoch eine völlig unerwartete: Ich wurde wegen Drogenhandels verhaftet. Im Gefängnis erlebte ich die dunkelsten

Stunden meines Lebens, als ich die Nachricht erhielt, dass ich HIV-positiv war. An jenem Abend lag ich auf meinem Zellenbett, als mir ein Gekritzel ins Auge sprang, das jemand auf die Metallunterseite der oberen Pritsche geschrieben hatte: „Wenn dir langweilig ist, lies Jeremia 29,11." Ich folgte diesem Rat und war tief berührt von dem Versprechen, das dort steht: „Denn ich kenne ja die Gedanken, die ich über euch denke, spricht der HERR, Gedanken des Friedens und nicht zum Unheil, um euch Zukunft und Hoffnung zu gewähren."

Ich las mehr und mehr in der Bibel. Dadurch wurde mir klar, dass ich meine Identität an falscher Stelle gesucht hatte. Unsere Kultur erklärt uns Menschen mit gleichgeschlechtlichen Empfindungen, dass unsere Sexualität der Kern dessen ist, wer wir sind. Aber Gottes Wort zeichnet ein anderes Bild. In 1. Mose 1,27 steht, dass wir alle im Ebenbild Gottes geschaffen sind. Der Apostel Paulus schreibt: „Denn in ihm (Christus) leben wir und bewegen uns und sind wir" (Apg 17,28). Also ist meine Identität nicht „homosexuell", „ex-homosexuell" oder „heterosexuell". Meine wahre Identität ist allein in Jesus Christus.

Nachdem ich aus dem Gefängnis entlassen worden war, habe ich mich entschlossen, die biblischen und theologischen Wahrheiten intensiv zu studieren und danach zu leben. Ich schrieb mich an einer

Bibelschule ein und später an einem Seminar. Im Laufe der Zeit schenkte der Herr mir die Jahre zurück, die die Heuschrecken gefressen hatten (vgl. Joel 2,25). Meine Eltern und ich reisen nun um die ganze Welt. Als Zwei-Generationen-Team sprechen wir über Gottes Gnade und Wahrheit in Bezug auf biblische Sexualität.

Von der Sinnfrage zur Methode

Auf meiner Reise vom homosexuellen Agnostiker zum evangelikalen Bibellehrer ist mir Folgendes bewusst geworden: Wie Menschen auf homosexuelle und andere nicht heterosexuell-orientierte Personen reagieren, wurzelt in der Sinnfrage. Seit Anfang der Menschheitsgeschichte ist man auf der Suche nach dem Sinn des Lebens. Und die Antwort auf diese Frage lässt Taten folgen.

Die verschiedenen Herangehensweisen, wie wir Menschen der Homosexuellen-Szene mit Liebe begegnen sollen, können verwirrend sein. Sie entstehen letztlich aufgrund konkurrierender Interpretationen der Sinnfrage. Klarheit findet man aber nicht, indem man fragt, welcher Ansatz mehr Mitgefühl zeigt, sondern indem man einen Ansatz auf Wahrheit prüft – Gottes Wahrheit. Wir können vorschnell und mit bester Absicht das vermeintlich Richtige tun. Aber wenn man nicht zuerst richtig denkt, ist die Wahrscheinlichkeit hoch, dass man schlussendlich falsch handelt.

Sowohl Mitgefühl als auch Weisheit sind Tugenden. Aber Mitgefühl ohne Weisheit kann leichtsinnig und geradezu fahrlässig sein. Weisheit ohne Mitgefühl ist wertlos, sogar überheblich. Wahres Mitgefühl entspringt aus der Quelle der Weisheit, und wahre Weisheit mündet in Mitgefühl – es sollte kein Gegensatz sein. Wahres christliches Leben wird auf göttlicher Weisheit errichtet.

Unsere Gesellschaft betont häufig Relevanz und Pragmatismus auf Kosten von Wahrheit. Aber richtiges Handeln basiert auf als richtig erkannter Wahrheit. Wir müssen dem natürlichen Impuls widerstehen, unser Handeln von der Wahrheit oder die Wahrheit vom Handeln zu trennen.

Dabei ist es wichtig, die Ethik gleichgeschlechtlicher Beziehungen zu erforschen. Viele Gelehrte haben die Schlüsselstellen des Alten und Neuen Testaments genau analysiert und das Verbot von gleichgeschlechtlichen sexuellen Handlungen dargestellt. Diese Arbeiten sind wichtig, und es gibt in diesem Bereich viel gute Literatur.

Jedoch schränkt man sich zu sehr ein, wenn man annimmt, „richtiges Wissen" resultiere nur aus dem Studium einer Handvoll biblischer Texte, die das Thema kritisch beurteilen. Das hieße, den Wald vor lauter Bäumen nicht mehr zu sehen. Eine gesunde Theologie darf nicht darauf gründen, was wir nicht tun dürfen. Denn das christliche Leben besteht aus viel mehr als dem Vermeiden sündigen Verhaltens. Wenn wir die Dinge nur durch die Brille biblischer Verbote betrachten, könnten wir dabei sogar das Evangelium verfehlen.

Dieses Buch möchte sowohl das Thema Sexualität theologisch reflektieren, als auch praktische Hilfen geben, wie man homosexuelle Angehörige und Freunde auf Christus hinweisen kann. Dazu nehmen wir die ganze Heilsgeschichte Gottes in den Blick – Schöpfung, Sündenfall, Erlösung und Vollendung. Vielleicht denken Sie jetzt: „Aber ich bin doch kein Theologe!" Allerdings bedeutet der griechische Begriff theologia wörtlich „die Lehre von Gott". Wissen Sie einiges von dem, was die Bibel über Gott lehrt? Wenn ja, dann sind auch Sie ein Theologe!

Kevin Zuber, einer meiner Bibelschullehrer, hat mich tief geprägt, als er unseren Kurs herausforderte, sich Theologie als Verb vorzustellen. Christen sollen theologisch handeln. Es geht um gelebte Theologie, mit Herz, Sinn, Verstand und Händen. Blutarme theoretische Theologie verursacht Teilnahmslosigkeit, doch gute Theologie lässt Taten folgen.

Aber vielleicht denken Sie jetzt: „Was ich vor allem brauche, ist nicht Theologie, sondern einen

guten Rat, wie ich meine homosexuellen Angehörigen und Freunde erreichen kann!" Aber woher
wollen wir wissen, was Gott sich von unseren homosexuellen Freunden wünscht, wenn wir Gott
nicht hinreichend gut kennen? Gedanken gehen
Taten voraus.

Gute Theologie, richtige Handlungen. Schlechte
Theologie, falsche Handlungen.

Jacob Thiessen
Schöpfung und Menschenwürde
Grundlegende exegetische Ansätze zu Ehe und Homosexualität

Tb., 96 S., 11 x 18 cm
Best.-Nr. 271416
ISBN 978-3-86353-416-5

Dieses Buch bietet durch eine sorgfältige Exegese biblischer Schlüsseltexte Rüstzeug zur Klärung von Fragen bezüglich Ehe, Scheidung, Wiederheirat und Homosexualität. Durch die Handlungsempfehlungen eignet es sich gut für die Gemeinde sowie für das persönlichen Leben.